Juristisches Colloquium

Eine Sammlung von Fragen und Fällen
zum Gebrauch
in Besprechungen, Übungen, Repetitorien

IV

Allgemeiner Teil des BGB

bearbeitet von

Werner Wedemeyer

Dr. jur., Dr. rer. pol. h. c., ord. Professor der Rechte
an der Universität Kiel

Springer-Verlag Berlin Heidelberg GmbH · 1933

ISBN 978-3-642-51954-3 ISBN 978-3-642-52016-7 (eBook)
DOI 10.1007/978-3-642-52016-7

Meinem Freunde

Ewald Wüst

o. Professor der Geologie an der Universität Kiel

dem geborenen Juristen

Vorwort.

Die Benutzer dieser systematischen Fallsammlung, die im Anfange ihres Studiums stehen, seien auf folgendes hingewiesen. Dem durchaus erklärlichen Wunsch, daß die Fälle des Allgemeinen Teils nur die Kenntnisse der Vorschriften des ersten Buches des BGB voraussetzen, ließ sich schon nach ihrem Geltungsbereich nicht nachkommen. Wenigstens aber sind die in Betracht kommenden Paragraphen der späteren Bücher und sonstige Gesetzesstellen durchweg zitiert. Die Einreihung eines Falles unter einen bestimmten Paragraphen gibt noch keine Gewähr dafür, daß diese Vorschrift anzuwenden ist. Die der veröffentlichten Rechtsprechung entnommenen Fälle sind zum Teil im Tatbestande verändert, namentlich vereinfacht und fordern daher mitunter eine andere Entscheidung als das gedruckte Urteil.

Kiel, im Juli 1933.

Werner Wedemeyer.

Inhaltsverzeichnis.

Allgemeines.

1. Das jütsche Low (1240), in Schleswig in plattdeutscher Übersetzung von Blasius Eckenberger (1590) gültig bis 1900, beginnt mit folgenden Worten:

„Mit Rechte unde Gerichte erholdt men Landt unde Lüde: Wolde överst Jdermann, an deme sinen sick genögen laten, unde eine dem anderen dat jenne laten, dat sin were, so hedde men nenes Rechtes nödich, jedoch is nenem Rechte so gudt tho folgende, alse der Wahrheit.

Vallet överst twischen dem Rechte unde der Wahrheit ein twyvel edder Kyff (Streit) in, so schal dat Recht forschen unde söken, wat de Wahrheit unde dat Recht is.

Were ock neen Recht im Lande, so hedde de Geweldigste dat meiste. Darümme schal dat Recht gemaket werden Jdermann thonütte unde gude, up dat de gehorsame, frame unde unschüldige by gelyke unde Rechte geschüttet unde gehandhavet, Darjegen dorch Recht unde Gerichte der Undöget unde der Ungerechtigkeit geweret unde de Bösen gestraffet werden mögen. Recht js jdt, unde billich, dat de jennen de Gades fruchte unde de Erbarheit dat gude tho donde, nicht bewegen kann, dat de Overichheit desülvige dorch dwanck und scherpe der Rechte des Vaterlandes (dat de Gemene angenamen, unde sich daran verbunden hefft) ere Missedadt straffe, unde dem bösen were.

Dat Recht schal syn Ehrlick, Hillich unde Lydtlick, na des Landes Sede, bequemlick, dütlick, klar unde apenbar, dermaten, dat jder vorstahn unde wethen kan, wat dat Recht hebben will. Nicht geschreven na eines Mannes Koppe, effte (oder) sunderliker meninge, sunder tho jder Mannes nütte unde besten, de im Lande wanen."

In welchen verschiedenen Bedeutungen kommt hier das Wort „Recht" vor?

Erster Abschnitt.

Personen.

Erster Titel.

Natürliche Personen.

Rechtsfähigkeit (§ 1).

2. Die hochschwangere Frau Anna besucht ihren alten kranken Onkel Otto, der ihr ein Prämienlos der Stadt Madrid mit den Worten überreicht: „Dies schenke ich dem Kinde, das du unter dem Herzen trägst.“ Frau Anna bedankt sich herzlich im Namen ihres Kindes und nimmt das Papier mit sich. Als der Onkel wenige Tage später stirbt, wird er von seinem Neffen Emil laut Testament beerbt. Bald nach dem Tode des Onkels ist Frau Anna von einer Tochter entbunden. Gegen diese Tochter klagt Emil auf Herausgabe des Papiers, das inzwischen mit einem erheblichen Gewinn gezogen ist, als zur Erbschaft gehörig. Mit Recht?

3. Der Rentner Müller hat zwei Kinder, den Sohn Adolf und die verheiratete Tochter Berta, die durch Bürgschaften, die sie für ihren Mann geleistet hat, stark überschuldet ist. Vater Müller enterbt folgeweise seine Tochter Berta und setzt zu Erben ein: auf die eine Hälfte des Nachlasses Adolf, auf die andere Hälfte den Sohn Carl der Berta und die Kinder, die Berta nach Testamentserrichtung noch zur Welt bringen werde. Berta, die wenige Tage nach dem Vater auch ihren Mann verloren hat, erklärt nicht wieder heiraten zu wollen und möchte wissen, wann Carl nunmehr die Erbschaft erhält. Ob schon jetzt oder erst bei Bertas Tode oder wenn Berta ein Lebensalter erreicht haben werde, in dem sie Kinder nicht mehr gebären könne?

4. Die Rechts-, namentlich Erbfähigkeit der noch nicht erzeugten (nondum concepti) Nachkommenschaft wurde im gemeinen Recht, sowie nach französischem Recht verneint, im preußischen (RG 61, 355) Recht überwiegend anerkannt. Hat das BGB den nondum concepti eine gewisse Rechtsfähigkeit zuerkannt? Vgl. §§ 331, 2101, 1913. Kann für eine noch nicht erzeugte Nachkommenschaft, der Zuwendungen gemacht worden sind, eine Hypothek eingetragen werden? (RG 65, 277.)

5. Frau A ist Eigentümerin eines Bauernhofes und lebt mit ihrem Manne im gesetzlichen Güterstande. Eines Tages wird sie in Abwesenheit ihres Mannes und aller Dienstboten von der Geburt ihres ersten Kindes überrascht. Der Mann findet heimkehrend seine Frau tot vor und neben ihr das ebenfalls tote Kind. Ein Testament hat Frau A nicht errichtet. Der Witwer möchte wissen, wie es mit der Beerbung seiner Frau wird, deren Verwandte erbrechtliche Ansprüche geltend machen. (§ 20?)

Volljährigkeit (§§ 2—5).

6. Ein Student, der am 17. September nachmittags 5 Uhr geboren ist, möchte den Augenblick des Eintritts seiner Volljährigkeit mit einer guten Flasche feiern. Wann ist der Festtrunk fällig (§ 187)? Welche privatrechtlichen Fesseln fallen in diesem Momente?

7. In einer Gegend, in der Anerbenrecht (für Preußen: Erbhofrecht, Ges. v. 15. Mai 1933) herrscht, der Hof also ungeteilt auf den Anerben unter dessen starker Bevorzugung übergeht, während die Geschwister mit Kapitalien (nach preußischem Erbhofrecht mit Unterhalt, Berufsausbildung und Heimatzuflucht), die Witwe mit einem Altenteil abgefunden werden, schwängert der einzige Sohn eines inzwischen verstorbenen Hofbesitzers eine vermögenslose Dienstmagd. Der zwecks Ermöglichung alsbaldiger Ehe um Volljährigkeitserklärung angegangene Vormundschaftsrichter sieht mit Sicherheit voraus, daß bei solcher Heirat der Hof nicht gehalten werden kann, die drei Schwestern des Anerben um ihre Ansprüche und die Mutter

um ihr Altenteil kommen werden. Muß der Vormundschaftsrichter trotz dieser begründeten Befürchtungen dem Antrage auf Volljährigkeitserklärung stattgeben?

8. Vor dem Vormundschaftsgericht erscheint der elternlose 18jährige Handlungsgehilfe Ehrlich in Begleitung seines Vormundes. Beide beantragen (§ 56 RFGG), Ehrlich für volljährig zu erklären. Ehrlich berichtet, er habe die Nichte seines Vormundes, bei dem er wohnt, geschwängert und müsse schleunigst heiraten, damit das Kind als ein eheliches (§ 1591) geboren werde, er fühle sich namentlich auch dem Vormunde gegenüber, der weit über seine Pflichten als Vormund hinaus für ihn gesorgt habe, dazu für verpflichtet. Als der Richter sich nach der Persönlichkeit der Nichte erkundigt, schildert Ehrlich sie als oberflächlich, vergnügungssüchtig und merkwürdig launenhaft, wohl ein Erbteil ihrer in schwerer Hysterie jung verstorbenen Mutter. Der Vormund pflichtet dieser Schilderung bei, meint aber, daß es darauf nicht ankomme, die Wiedergutmachung einer sittlichen Verfehlung sei wichtiger als bloß ökonomische Erwägungen.

Wie wird das Vormundschaftsgericht entscheiden? (Vgl. KG in OLG 9 S. 441.)

9. Der 18jährige Friseur Renger beantragt zusammen mit seiner Mutter seine Volljährigkeitserklärung, um das Friseurgeschäft seines verstorbenen Vaters übernehmen zu können. Der Vormundschaftsrichter ersieht aus den beigebrachten Zeugnissen, daß Renger ganz besonders tüchtig, solide und strebsam ist, hält aber eine Ermächtigung nach § 112 für ausreichend und möchte damit der Gefahr begegnen, daß Renger vor dem 21. Lebensjahre heiratet. Renger führt demgegenüber glaubhaft aus, mit einer bloßen Ermächtigung nach § 112 sei ihm nicht gedient, seine Mutter sei so geizig, daß sie ihm z. B. das Rauchen und jeden Wirtshausbesuch untersagt habe. Eine so frühe Heirat werde seine Mutter (§ 1305) nie zulassen. Die Mutter berichtet, sie habe sich auf Bitten des Sohnes mit der Volljährigkeitserklärung einverstanden erklärt, lieber sei es ihr schon, wenn der Sohn für jede persönliche Ausgabe ihre Einwilligung nötig habe, sie habe ihrem verstorbenen Manne auch das Rauchen und jeden Wirtshausbesuch verboten. Der Herr Vormundschaftsrichter möge entscheiden.

Wie wird die Entscheidung lauten? Bei Düringer-Hachenburg (HGB 3. Aufl. I, 135) findet der Richter folgende Sätze: „Ist dem Minderjährigen die Führung eines Geschäftes gestattet, so muß er auch sein Leben dem Geschäft entsprechend einrichten dürfen. Er ist daher für Geschäfte, die der eigenen, durch den Geschäftsbetrieb gebotenen Lebenshaltung dienen, geschäftsfähig, nicht dagegen für Luxusausgaben, die diesen Rahmen überschreiten." Kann der Richter diese Lehre für den vorliegenden Fall verwerten, ohne mit dem Gesetz in Konflikt zu geraten? Ferner vgl. § 110!

Entmündigung (§ 6)

1. wegen Geisteskrankheit oder Geistesschwäche.

10. In den 90er Jahren des vorigen Jahrhunderts trieb ein geisteskranker (chronischer Paranoiker) Sektierer, Timm, in der Lüneburger Heide sein Unwesen. Von dem Besuche einer Missionsschule her besaß er eine vorzügliche Bibelkenntnis, hielt sich für einen der beiden Propheten aus der Offenbarung St. Johannis (11,3) und trug folgeweise als Kleidung einen härenen Sack. Er wurde dadurch lästig, daß er, im Lande umherziehend, die Geistlichen, die „Baalspfaffen", mit alttestamentlichen Schimpfworten belegte, entweder im Gottesdienste nach Schluß der Predigt oder auch in ihrer Wohnung, wenn sie im Kreise ihrer Familie saßen. Auch schrieb er dem Kaiser und Bundesfürsten Briefe, in denen er ihnen Vorwürfe wegen ihres Lebenswandels machte. Timm lebte von den ihm reichlichst zuströmenden Gaben seiner Anhänger und dem Vertriebe seiner Druckschriften.

Konnte Timm wegen Geisteskrankheit oder Geistesschwäche entmündigt werden? (Vgl. RG bei Gruch. 49,

611.) Konnte ihm zwangsweise ein Pfleger bestellt werden? (§ 1910.)

11. Der Vorarbeiter Nietmann ist seit Jahren arbeitslos und leidet unter der Beschäftigungslosigkeit schwer. In dieser Depression fängt er an, seine Frau, mit der er bis dahin in glücklicher Ehe lebte, mit unbegründeten Eifersuchtsideen zu verfolgen. Die harmlosesten Vorgänge zieht er in diese Gedankenfolge hinein: wenn im Hause gegenüber Bettvorleger zum Fenster heraus geschüttelt werden, sieht er darin eine Benachrichtigung seiner Frau zu einem Stelldichein u. dgl. Die fortgesetzten, immer plumper werdenden Verdächtigungen vergiften schließlich das Zusammenleben so, daß die Frau auf Ehescheidung (§ 1568) klagt.

Ist der Mann prozeßfähig? (ZPO § 52.)

Kann er entmündigt werden? — Auf Gebieten, die vom Eifersuchtswahn nicht berührt werden, sind Urteilsfähigkeit und Intelligenz erhalten (vgl. RG Gruch. 49, 611, LG Altona, JW 1930, 1616).

Darf Nietmann trotz Widerspruchs, der in seinem Eifersuchtswahn begründet ist, ein Pfleger (§ 1910) bestellt werden?

12. Der achtzigjährige Kommerzienrat Reichmayer beginnt die bis dahin vorbildlich geführte Verwaltung seines beträchtlichen Vermögens zu vernachlässigen und läßt sich nicht bewegen, diese Verwaltung seinem Sohne oder einem sonstigen Manne seines Vertrauens zu übertragen. Seine Einwilligung in eine Pflegschaft (§ 1910) ist nicht zu erreichen. Infolgedessen betreibt sein Sohn die Entmündigung. Der als Sachverständiger zugezogene Psychiater bekundet, Reichmayer sei in keiner Weise geistig erkrankt, es handle sich um ganz normale Alterserscheinungen, die in der Natur des geistigen Organismus, in seiner Entwicklung und seinem allmählichen Absterben begründet seien, bei jedem Menschen müßten, wenn er nur alt genug werde, ohne zu erkranken, dieser Zustand schließlich eintreten. — Kann Reichmayer entmündigt werden?

13. Es wird der Antrag gestellt, einen 15jährigen Schüler wegen Geistesschwäche zu entmündigen. Seine pathologische Gutmütigkeit und kritiklose Beeinflußbarkeit bringe die Gefahr mit sich, daß er über sein beträchtliches demnächstiges Vermögen zugunsten irgendwelcher armen Leute, einer milden Stiftung oder gar eines gewandten Erbschleichers testiere, sobald er das 16. Lebensjahr (§ 2229) erreicht habe. — Zulässig?

14. Kann ein Geisteskranker, ohne entmündigt oder unter vorläufige Vormundschaft (§ 1906 f.) gestellt zu sein, zwangsweise in einer öffentlichen oder privaten Anstalt untergebracht werden? Vgl. RVerf. Art. 114, StGB § 239, Pr. Polizeiverwaltungsgesetz v. 1. Juni 1931 §§ 15, 19 und die ältere Rechtsprechung des preußischen Oberverwaltungsgerichts (OBG 65, 247, 259; 77, 341; 80, 120).

Kann ein Geisteskranker, der nur sich selbst gefährdet, ohne Entmündigung als gemeingefährlich in dauernde polizeiliche Anstaltsverwahrung genommen werden (OVG 67, 314; 80, 120)?

2. Entmündigung wegen Verschwendung.

15. Im Jahre 1899 schwamm auf dem Bodensee eine große Arche, welche die Neugierde jedes Fremden erregte. Auf Nachfrage pflegten Ortskundige zu antworten, die Arche gehöre einem Grafen Zeppelin, der den Plan verfolge, ein lenkbares Luftschiff zu erbauen und dabei sein ganzes Vermögen zusetze. Der Professor Helmholtz in Berlin habe aber berechnet, daß die Reibung des Ballonkörpers an der Luft immer größer sein müsse als die Geschwindigkeit, die dem Ballon verliehen werden könne: das Luftschiff könne also niemals vom Fleck gelangen.

Hätte nach dem Rechte des BGB Graf Zeppelin unter diesen Umständen wegen Verschwendung entmündigt werden können?

16. Kann ein Privatdozent wegen Verschwendung entmündigt werden, wenn er mangels anderweiter ausreichender

Einkünfte sein kleines Vermögen verbraucht? Wie, wenn der Privatdozent sich für ein Fach habilitiert hat, für das es eine Professur weder gibt noch zu erwarten ist? Wie, wenn er während seiner Privatdozentenjahre nichts veröffentlicht und dadurch allmählich jede Aussicht verliert, bei Berufungen berücksichtigt zu werden?

17. Kann der vermögenslose praktische Arzt entmündigt werden, der die erheblichen Einkünfte seiner Praxis restlos für sich und seine Familie verbraucht, ohne irgendwelche Rücklagen zu machen oder durch eine Lebensversicherung für seine Familie zu sorgen?

18. Jemand, dessen Entmündigung wegen Verschwendung beantragt ist, macht geltend, er leide häufig an pathologischen geistigen Zuständen, in denen er seinen gesamten Wochenverdienst sinnlos verschleudere. Infolgedessen könne er für seine Verschwendung nicht verantwortlich gemacht werden. — Ist dieser Einwand im Entmündigungsverfahren erheblich?

3. Entmündigung wegen Trunksucht.

19. Bei einem Anwalt erscheint die Ehefrau des Agenten Zecher und trägt vor: Ihr Mann habe die Vertretung mehrerer großer Likörfirmen. Um seine Waren bei Wirten und bei Privaten abzusetzen, verkehre er mittags, nachmittags und abends in Wirtshäusern. Oft komme er zu später Stunde angeheitert nach Haus. Ihren Bitten gegenüber, doch eine andere Art von Vertretung zu übernehmen, sei er taub, weil er in dieser Branche so gut verdiene. Nun habe ihr Mann aber ein schweres Herzleiden, und der Hausarzt befürchte, daß ihr Mann sich bei seiner bisherigen Lebensführung in wenigen Jahren zugrunde richten werde. Sie und ihre Kinder würden dann nur die geringen Ersparnisse des Mannes haben und bald der Gefahr des Notstandes ausgesetzt sein.

Wird der Anwalt zu einem Antrage auf Entmündigung wegen Trunksucht raten können?

20. Ein Trinker hat sich auf drei Monate freiwillig in eine Heilanstalt begeben. Darf der Inhaber der Heilanstalt den Patienten während dieser Zeit durch Einschließen daran hindern, sich außerhalb der Anstalt den Genuß von Alkohol zu verschaffen?

Wie, wenn der Patient sich zwar verpflichtet hat, eine dreimonatige Kur durchzumachen, ihm aber nach Ablauf eines Monats die Kur unerträglich wird und er seine Freiheit verlangt? Wie, wenn der Vormund den Trinker zwangsweise in der Anstalt untergebracht hat?

21. Ist eine Entmündigung wegen „Äthersucht“ möglich? In Hoches Handbuch der gerichtlichen Psychiatrie (1. Aufl. S. 306) wird berichtet, daß um die Jahrhundertwende im Memelgebiet der Äther den Branntwein verdrängte, weil Äther billiger ist, in kleineren Mengen wirkt, den Rausch schneller und intensiver eintreten läßt, geringeren Katzenjammer verursacht und als Universalheilmittel gilt. In Mäßigkeitsvereinen, die dem Schnaps abgeschworen haben, soll als Ersatz Äther konsumiert werden.

Äther ist „ein naher chemischer Verwandter des Alkohols, mit dem zusammen er oft in Form von Hoffmannstropfen genommen wird“ und schädigt ebenso wie Alkohol.

22. Kann ein Morphinist, der sich das Morphium durch Einspritzen oder durch Essen morphiumhaltiger Drogen einverleibt, oder ein Kokainschnupfer oder ein Haschischraucher in analoger Anwendung des § 6 Nr. 3, wenn dessen sonstige Voraussetzungen gegeben sind, entmündigt werden?

Aufhebung und Umwandlung der Entmündigung.

23. Darf das Gericht, wenn ein Antrag auf Entmündigung wegen Geistesschwäche gestellt ist, nach der Beweisaufnahme aber die Entmündigung wegen Geisteskrankheit gerechtfertigt ist, ohne auf diese Entmündigung gerichteten Antrag wegen Geisteskrankheit entmündigen?

Darf das Gericht einem Antrag auf Entmündigung wegen Geisteskrankheit mit einer Entmündigung wegen Geistesschwäche entsprechen?

Darf das Gericht bei einem Antrage auf Entmündigung wegen Verschwendung wegen Trunksucht (oder umgekehrt) entmündigen?

24. Ein wegen Geisteskrankheit Entmündigter beantragt Wiederaufhebung der Entmündigung (ZPO § 675). Der zuständige (§ 676) Amtsrichter stellt eine wesentliche Besserung fest, hält aber eine Entmündigung wegen Geistesschwäche immer noch für geboten. Darf er ohne dahingehenden Antrag die bisherige Entmündigung in eine solche wegen Geistesschwäche umwandeln? Der Entmündigte widerspricht schon deshalb, weil er Aufhebung der Entmündigung schlechthin begehrt.

Kann eine Entmündigung wegen Trunksucht oder Verschwendung in eine solche wegen Geistesschwäche umgewandelt werden?

Wohnsitz (§§ 7—11).

25. Eine Köchin, die seit zehn Jahren bei einer und derselben Herrschaft in Berlin bedienstet ist, bestreitet in einem Prozeß, daß sie in Berlin ihren Wohnsitz hat und nennt ihr heimisches Spreewalddorf als solchen. In Berlin sei sie nur vorübergehend und, sobald sie genug Ersparnisse habe, werde sie in ihre Heimat zurückkehren.

26. Ein Nierenspezialist betrieb lange Jahre seine Praxis im Winter in Amsterdam, im Sommer in Wildungen. Eine Wohnung hatte er hier wie dort. Wohnsitz?

27. Ein Professor an der Universität Berlin wird bei einem Berliner Gericht als an seinem allgemeinen Gerichtsstand (ZPO § 13) verklagt. Der Beklagte macht geltend, er wohne in Potsdam und beantragt Klageabweisung wegen Unzuständigkeit des Gerichts. Auf Befragen des Richters gibt er zu, daß er beim Preußischen Kultusministerium als seiner vorgesetzten Behörde nicht um die Erlaubnis gebeten hat, außerhalb von Berlin wohnen zu dürfen.

28. Ein Celler Oberlandesgerichtsrat ist zum Reichsgerichtsrat ernannt. In Rücksicht auf die Schulverhältnisse seiner Kinder beläßt er seine Familie vorläufig in Celle und wohnt selbst in Leipzig in einem Hotel. — Wohnsitz?

29. Wo hat der von Kiel nach Celle versetzte Amtsrichter während des Umzuges seinen Wohnsitz, wenn wegen der Schwierigkeit, in Celle eine Wohnung zu bekommen, die Möbel zunächst einen Monat in Kiel eingelagert werden und der Amtsrichter in dieser Zeit mit seiner Familie in einem Heidedorf in der Nähe von Celle seinen Urlaub verlebt?

30. Der im Zuchthause St. Georgen eine mehrjährige Strafe verbüßende frühere Bankier Schmidt, der bei Antritt seiner Strafe in Regensburg für sich und seine Familie eine Wohnung hatte, hat seine Frau vor Strafantritt angewiesen, einen anderen Wohnsitz zu wählen, weil er nicht nach Regensburg zurückkehren will. Die Frau zieht nach München, wo sie eine ähnliche Wohnung nimmt (Bay. OLG in Seuff. 56, 433).

Hat Schmidt während der Strafzeit seinen Wohnsitz in St. Georgen („Im Zuchthaus sitzt man, aber wohnsitzt nicht“, Cohn, BR in Sprüchen I, 4; a. M.: Kohler, Lehrbuch des BR I, 275), Regensburg oder München?

31. Der wegen starker Nervosität frühzeitig pensionierte Rechnungsrevisor Günther zieht, ungeachtet des Widerspruchs seiner Frau, die fürchtet, daß die Großstadt ihn nur nervöser macht, mit Familie von Greifswald nach Berlin. Ein dortiger Nervenspezialist stellt alsbald fest, daß Günther sich im ersten Stadium einer Geisteskrankheit befindet und sieht diesen unzweckmäßigen Ortswechsel als ein Krankheitssymptom an. Hat Günther trotzdem seinen Wohnsitz in Berlin gewonnen?

32. Der wegen Geisteskrankheit entmündigte Rentner Reese aus Kiel ist von seinem Vormunde in der Landes-Heil- und Pflegeanstalt in Schleswig als unheilbar untergebracht, seine Kieler Wohnung ist aufgegeben, und die Möbel sind verkauft.

Hat Reese seinen Wohnsitz in Kiel oder in Schleswig? (Vgl. OLG 33, 19.)

33. Der von seinem Anwalt mit der Anfertigung einer Klage gegen eine minderjährige Ehefrau beauftragte Referendar findet im § 10 BGB, daß die Ehefrau den Wohnsitz des Ehemannes, daß das eheliche Kind nach § 11 den Wohnsitz des Vaters teilt. Geht nun ein Wohnsitz dem anderen vor, oder hat die Ehefrau ihren allgemeinen Gerichtsstand (ZPO § 13) sowohl an dem Wohnorte des Vaters wie an dem ihres Ehemannes? Oder ist etwa § 10 durch RVerf. Art. 119 (die Ehe „beruht auf der Gleichberechtigung der beiden Geschlechter") aufgehoben, wie Kröger in DJZ 1902, S. 603 lehrt?

34. Ein Kieler Professor erhält einen Ruf nach Bonn und nimmt den Ruf an, obwohl sein Hausarzt erklärt, das Bonner Klima werde die Gesundheit seiner Frau ernstlich gefährden. Die Frau weigert sich daraufhin, dem Manne nach Bonn zu folgen und erzielt ein rechtskräftiges Urteil des Landgerichts Kiel auf Anerkennung, daß sie berechtigt sei, die Wiederherstellung des ehelichen Lebens zu verweigern (§ 1353) und auf Zahlung einer Unterhaltsrente in bestimmter Höhe. Die Eheleute leben seitdem getrennt, er in Bonn, sie in Kiel. Wegen starker Gehaltsabzüge will der Ehemann nach § 323 ZPO auf Herabsetzung der Rente klagen. Hat die Frau ihren allgemeinen Gerichtsstand (ZPO § 12) jetzt in Kiel oder in Bonn? (RG 59, 338.)

Wäre ebenso zu entscheiden, wenn es sich bei sonst gleichem Tatbestande nicht um Bonn, sondern um Basel handelte?

Namensrecht (§ 12).

35. Hat unter den mehreren Vornamen der Rufname eine besondere Bedeutung, oder darf der Namensträger zwischen seinen verschiedenen Vornamen beliebig wechseln?

36. Der Vater eines eben geborenen Kindes bittet die bei der Niederkunft zugegen gewesene Hebamme, beim Standesamt die Geburt anzumelden und sagt ihr, das Kind solle den Vornamen Ewald erhalten. Die schwerhörige Hebamme versteht anstatt Ewald „Helmut" und meldet das Kind mit diesem Vornamen an (Reichspersonenstandsgesetz §§ 18, 19). Als der Vater demnächst die Geburtsurkunde sieht, entdeckt er den Fehler. Kann er nun die Mitteilung der Hebamme nach §§ 119, 120 BGB anfechten? Ist er an die Frist des § 121 gebunden, oder kann er die Berichtigung des Standesregisters (PStG §§ 65, 66) auch noch nach Ablauf dieser Frist erreichen?

37. Ein Vater wollte seine am Tage der Schlacht von Sedan, 2. September 1870, geborene Tochter „Sedania" nennen. Würde der Standesbeamte nach heutigem Rechte eine solche Namenswahl beanstanden können? (Vgl. LG Berlin in JW 1925, 393. Wegen der landesrechtlichen Bestimmungen vgl. Sartorius, Kommentar zum Personenstandsgesetz, München 1902, S. 156.)

38. Der Vollhufner Karl August Wilhelm Pudeick im Hannoverschen Wendlande feiert die Taufe seines Erstgeborenen und Anerben, der ebenfalls die Vornamen Karl August Wilhelm erhalten hat. Der zur Taufe eingeladene Amtsrichter macht dem glücklichen Vater scherzhaft Vorwürfe, daß der Sohn nun wieder ebenso heiße wie der Vater, dadurch könnten beim Amtsgericht leicht Verwechslungen entstehen. Darauf erzählt der Vater, der Großvater des Täuflings habe auch schon die gleichen Vornamen geführt. So würden Kosten beim Grundbuchamt gespart. Der Hof sei von seinem Vater auf ihn übergegangen, ohne Behelligung des Grundbuchamts, und nun brauche sein Junge bei Übernahme des Hofes ebenfalls das Grundbuch nicht ändern zu lassen. — Was wird der Amtsrichter dazu sagen?

39. Der Filmstar Ada Carossa ist der unausgesetzten Behelligungen durch Reporter und Photographen müde. Um diesen zu entgehen, bittet sie ihr „double" Auguste Müller, die bei Proben und bei stummen Szenen gelegentlich für sie auftritt, einen Kuraufenthalt in Baden-Baden unter ihrem Namen zu verleben. Auguste Müller nimmt in einem vornehmen Hotel dort unter dem Namen Ada Carossa Wohnung und lenkt so die öffentliche Aufmerksamkeit von der wirklichen Ada Carossa ab, die in einem Schwarzwaldtal als Auguste Müller die ersehnte Einsamkeit findet. Ein auf diesen Namenstausch zunächst hineingefallener Berichterstatter zeigt aus Ärger die Auguste Müller wegen Übertretung des § 360 Nr. 8 StGB an. Ist Auguste Müller strafbar?

40. Der Studienrat Theodor Geelvink treibt eifrig Familienforschung. Beim Durchstöbern alter ostfriesischer Kirchenbücher findet er, daß ein 1804 geborener väterlicher Aszendent von ihm die unverehelichte Küsterstochter Wibke Nothdurft zur Mutter hat, im Kirchenbuche aber, altem Brauche entsprechend, den Namen seines natürlichen Vaters, des Hofbesitzers Geelvink, erhalten hat, in offenbarem Widerspruch zu dem in Ostfriesland (1744 bis 1815 zu Preußen, dann zum Königreich Hannover gehörig) damals gültigen ALR, Anh. § 94 zu II, 2 § 592:

„Alle außer der Ehe erzeugten Kinder sollen von jetzt an nie auf den Namen ihrer Väter, sondern auf den ihrer Mütter getauft werden."

Die im Urteile des Kammergerichts vom 3. Dezember 1903 (DJZ 1904, 74) erwähnten späteren preußischen Bestimmungen galten in Ostfriesland nicht. Entsprechende hannoversche Bestimmungen fehlen. Geelvink will wissen, wie er sich zu nennen hat, ohne sich strafbar zu machen. Er meint, er und seine Vorfahren hätten nach so langer Zeit den Namen Geelvink doch wohl ersessen oder könnten sich auf unvordenkliche Verjährung berufen (vgl. KG v. 30. September 1901 in KGJ 22. C. S. 115).

Sonstige Persönlichkeitsrechte.

41. Ein zum Rektor gewählter Professor wird von einem Lokalblatt der Universitätsstadt um sein Bild gebeten, das die Zeitung reproduzieren möchte. Der Rektor designatus lehnt diese Bitte schroff ab mit der Erklärung, er wünsche nicht in einem Blatte abgebildet zu werden, das einer von ihm perhorreszierten politischen Richtung angehöre und verbietet der Zeitung, ihn im Bilde zu bringen. Ein Student hat gelegentlich einer Exkursion den Professor meuchlings photographiert, als dieser, durch seine Körperfülle stark behindert, gerade ein Auto besteigt. Das Bild gibt den Professor ausgezeichnet, wenn auch in einer etwas komischen Situation wieder. Dies Bild stellt der Student der Zeitung zur Verfügung, die es denn auch bringt, wobei sie das Verbot des Professors und seine Motivierung nicht unerwähnt läßt. Der Professor will von seinen juristischen Kollegen wissen, wie er gegen die Zeitung vorgehen kann? (Vgl. RGesetz vom 9. Januar 1907, 22. Mai 1910 betr. das Urheberrecht an Werken der bildenden Künste und der Photographie, §§ 22, 23, 33).

Kann der Professor es verhindern, daß die Zeitung seinem obigen Verbote zuwider ein Bild von ihm bringt, das während seiner Rektoratsrede aufgenommen ist und ihn inmitten des Lehrkörpers und der chargierenden studentischen Korporationen zeigt?

42. Eine Studentin hat einem ihr befreundeten Kommilitonen gestattet, sie im Badeanzuge zu photographieren. Nach einiger Zeit geht die Freundschaft in die Brüche, und die Studentin erfährt, daß ihr früherer Freund das besagte Bild taktloserweise im Kreise von Kommilitonen zu zeigen pflegt. Stehen ihr irgendwelche Rechtsbehelfe zur Seite?

43. Der Nachkomme eines 1815 wegen besonderer kriegerischer Verdienste von seinem Landesherrn mit dem erblichen Adel ausgezeichneten Generals erfährt, daß ein bürgerlicher Namensvetter, der mit dem General nachweislich nicht verwandt ist, einen Siegelring mit dem bei der Nobilitierung verliehenen Wappen trägt, auch ein Exlibris mit diesem Wappen verwendet.

Entsprechende Anwendung des § 12? Worauf ist der Klageantrag zu richten? (Vgl. RG 71, 262.)

44. Einem Reichstagsabgeordneten, der gerade im Vordergrunde des politischen Interesses steht, erzählt eines Tages ein Student, seine Mutter besitze eine größere Menge von Briefen, die der Abgeordnete in seiner Studentenzeit an sie gerichtet habe. In diesen Briefen übe ihr Schreiber scharfe Kritik an den Zielen der jetzt von ihm geführten Partei. Man habe seiner Mutter von Mitgliedern der Gegenpartei schon erhebliche Summen geboten, um die Briefe zu verwerten und ihre Kritik im Wahlkampfe verwenden zu können. Bisher habe seine Mutter trotz ihrer fortschreitenden Verarmung sich zum Verkauf der Briefe aber noch nicht entschließen können.

Der Abgeordnete begehrt Rechtsrat, ob und wie er sich vor solcher Verwertung dieser in jugendlicher Torheit geschriebenen Briefe sichern kann. Er empfindet eine Veröffentlichung als eine Beeinträchtigung seiner Persönlichkeit, die doch von der Rechtsordnung geschützt sein müsse. Wie wird der Rechtsrat lauten?

(Vgl. RG 69, 401, wo die Schwester von Friedrich Nitzsche wegen zahlreicher Briefe ihres Bruders nach dessen Tode klagt.)

45. A leiht einer vermögenslosen jungen Schauspielerin 50 RM, deren Rückzahlung die Schuldnerin vergißt. Nach mehreren Jahren, als die Schauspielerin ein gefeierter Filmstar geworden ist, sieht sie eines Tages in einer Autographensammlung ihren Schuldschein, den der Sammler von A für 50 RM gekauft hat. Die Schauspielerin begehrt Rechtsrat, wie sie zu ihrem Schuldschein kommen kann, sie will gern das Darlehn an A bezahlen, falls dies nicht schon durch den Verkauf des Schuldscheins als Autogramm berichtigt sei, jedenfalls brauche sie es sich doch nicht gefallen zu lassen, mit dem alten Schuldschein in der Sammlung aufzutreten.

Todeserklärung (§§ 13—20).

46. Ein privates deutsches Wasserflugzeug ist am 17. September 1925, vorm. 8 Uhr, in Cuxhaven zum Fluge nach Leith, der Hafenstadt von Edinburgh, gestartet. Über Helgoland ist es noch gesichtet, seitdem fehlt jede Spur. Unter den zahlreichen Mutmaßungen, mit denen man das Unglück zu erklären sucht, findet sich auch die, daß der Eigentümer in selbstmörderischer Absicht das Flugzeug zum Absturz gebracht habe. Auch der Gedanke taucht auf, daß die Insassen des Flugzeuges sich von einem nicht ermittelten Schiff haben aufnehmen lassen und mit diesem untergegangen sind, oder den Schiffer durch hohe Geldopfer zu bestimmen wußten, sie an einem ihnen erwünschten nicht zu ermittelnden Gestade abzusetzen.

Ist eine Todeserklärung der Insassen nach § 16 oder § 17 oder nur nach § 14 zulässig? Wie ist der Zeitpunkt des Todes festzusetzen?

47. Die Ehefrau Reiser erhält eines Tages von einem ihr unbekannten Freunde ihres Mannes die kurze Nachricht, daß ihr Mann in südamerikanischer Tropenwildnis an einem Schlangenbiß am 28. Februar 1928 verstorben ist. Der Paß und einige Geldscheine sind dem Briefe als einziger transportabler Nachlaß des Mannes beigefügt. Ein an den Freund gerichteter Brief mit der Bitte um nähere Nachrichten kommt mit dem Vermerk zurück, daß der Adressat verstorben sei. Alle weiteren Ermittlungen, namentlich auch durch die deutsche Vertretung im Auslande, verlaufen ergebnislos.

Im Jahre 1931 möchte die Witwe Reiser zu einer zweiten Ehe schreiten. Als sie bei Bestellung des Aufgebots dem Standesbeamten zum Nachweise, daß ihre erste Ehe durch den Tod gelöst ist, den obigen Brief vorlegt, lehnt dieser nach § 19 BGB, § 48 PStG die Eheschließung ab, ebenso weigern sich Amtsgericht und Landgericht (§ 11 PStG), den Standesbeamten entgegengesetzt anzuweisen.

Kann Frau Reiser jetzt die Todeserklärung ihres Mannes betreiben?

Würde sie die Todeserklärung nach § 17 erreichen oder muß sie mit der neuen Ehe noch 7 Jahre (§ 14) warten?

48. Zeitungsnachricht: „Wernigerode. Eine eigenartige Überraschung. Dieser Tage kehrte aus langer Gefangenschaft in Sibirien ein hiesiger Einwohner zurück. Seine Ehefrau hatte ihn längst als tot beweint, weil sie von seinem Truppenteil die Nachricht, sowie Taschenuhr und Börse erhalten hatte. Nach Ablauf des Trauerjahres war sie eine neue Ehe eingegangen und ist nach Blankenburg übergesiedelt. Auch für die Ehefrau ist diese Rückkehr eine große Überraschung. Ob diese nun freudig oder unliebsam ist, es bleibt ihr keine Wahl, denn die zweite Ehe muß als ungültig aufgehoben und die erste wiederhergestellt werden, da die rechtliche Voraussetzung, unter der die neue Ehe eingegangen wurde, hinfällig geworden ist."

Bedenken? (Vgl. BGB §§ 1348—1352.)

49. Der nach § 13 f. BGB im Jahre 1920 für tot erklärte Kaufmann Kipper kehrt 1925 aus China zurück und erfährt, daß sein Vater, der Weinhändler Kipper, 1924 verstorben ist. Dessen Erbschaft ist durch ein vom Erblasser auf seinem letzten Lager errichtetes Testament auf dessen Neffen Emil Wolter übergegangen. Der heimgekehrte Kipper ficht das Testament nach §§ 2079, 2080 an und bekommt die Erbschaft nach § 2031 von Emil Wolter heraus. Zur Erbschaft gehören etwa 300 noch ausstehende Forderungen an Kunden aus Lieferung von Wein. Diese Kunden berufen sich auf die Vermutung des § 15 und lehnen jede Zahlung ab, solange nicht die Todeserklärung aufgehoben ist. Das Gericht, das die Todeserklärung ausgesprochen hat, lehnt den Antrag Kippers auf deren Aufhebung ab, weil BGB und ZPO eine solche Aufhebung nicht zulassen. (Richtig? Vgl. dazu VO über die Todeserklärung Kriegsverschollener v. 18. April 1916, Fassung v. 9. August 1917, §§ 13, 15, 12.) Sein Antrag, ihn nach § 233 ZPO wegen Versäumung der Monatsfrist des § 976 ZPO in den vorigen Stand einzusetzen, wird abgelehnt; weil er ihn nur mit seiner bisherigen Unkenntnis der Todeserklärung begründen kann (richtig?).

Kipper begehrt Rechtsrat, wie er nun zu seinem Gelde kommt. In seinem Prozeß gegen Emil Wolter sei seine Identität mit dem für tot Erklärten rechtskräftig festgestellt, die Berufung auf die Vermutung des § 15 sei bloße Schikane. Man könne ihm doch nicht zumuten, in 300 Einzelprozessen immer wieder den Identitätsnachweis zu führen.

Ein einziger Schuldner erkenne die Unrichtigkeit der Todeserklärung an, berufe sich aber auf Verjährung und wolle einen von Emil Wolter gegen ihn ausgebrachten Zahlungsbefehl nicht als Unterbrechung der Verjährung gelten lassen, weil diesem die Aktivlegitimation gefehlt habe. Die Handlungen des Erbschaftsbesitzers müßten doch dem Erben zugute kommen, wie § 944 BGB erkennen lasse. Wolter habe als sein Vertreter, mindestens als Geschäftsführer ohne Auftrag, gehandelt.

Wie hat der Rechtsrat zu lauten?

50. Der 75jährige A und dessen 40jährige Ehefrau B sind nachts in ihrem Schlafzimmer von einer Feuersbrunst überrascht und dabei im Rauch erstickt. Jeder von ihnen hat erhebliches Vermögen hinterlassen, ein Testament ist nicht errichtet. Der einzige Bruder der B, ihr nächster Verwandter, nimmt außer der Nachlassenschaft der B auch $1/4$ der Nachlassenschaft des A in Anspruch, indem er ein ärztliches Gutachten beibringt, das es wahrscheinlich macht, daß der an asthmatischen Altersbeschwerden leidende A dem Rauche früher erlegen ist als die völlig gesunde Ehefrau B. Der nächste Verwandte des A beruft sich demgegenüber auf § 20 BGB, wonach eine Beerbung des A durch die B ausgeschlossen sei. Mit Recht?

Zweiter Titel.

Juristische Personen.

I. Vereine.

1. Allgemeine Vorschriften (§§ 21—53).

51. In der Satzung eines Golfklubs sind, um möglichste Schonung des Rasens zu erreichen, sehr scharfe Geldstrafen für dessen Beschädigung vorgesehen, die von dem Vorstande je nach dem Umfange des Schadens in einem begrenzten Rahmen festgesetzt werden. Ein Anfänger, der auf einem besonders gepflegten Grün durch Ungeschick ein großes Rasenstück herausschlägt, wird vom Vorstande in die höchste Strafe genommen. Er möchte wissen, ob er nach § 343 gerichtliche Herabsetzung der Strafe erreichen kann. Der Golfvorstand bestreitet, daß es sich um eine Vertragsstrafe handle, die Satzung bedeute objektives Recht. — Ist es von Bedeutung, ob der Verein eingetragen ist oder nicht?

52. In einem parteipolitischen, im Vereinsregister eingetragenen (vgl. § 61 BGB mit RVerfArt. 124) Verein wird zum Vorsitzenden gewählt der sehr redegewandte Agent Jago. Nach einigen Monaten stellt sich heraus, daß Jago in Wahrheit Mitglied der Gegenpartei ist, seine Aufnahme durch Lügen über seine politische Vergangenheit, die er mit gefälschten Papieren belegte, erreicht hat und seine Stellung ausnutzt, um der Gegenpartei Informationen zu verschaffen. Als Vorsitzender hat Jago die Mitglieder überredet, ein sehr kostspieliges Vereinslokal zu mieten, das den Verein schwer belastet. Nach seiner Abberufung stellt sich heraus, daß er über dies Vereinslokal einen, allen Mitgliedern verschwiegenen zehnjährigen schriftlichen (§ 566) Mietvertrag abgeschlossen hat.

Der Verein möchte wissen, ob er sich von diesem langfristigen Mietvertrag nicht dadurch befreien kann, daß er die Wahl Jagos zum Vorsitzenden wegen arglistiger Täuschung anficht.

53. In den Räumen eines Tennisklubs ist eine Brieftasche mit erheblichem Geldbetrage verschwunden. Der erst kürzlich eingetretene allseitig unbeliebte August Finsterling wird alsbald des Diebstahls verdächtigt. Der Vorstand veranstaltet eine Untersuchung, hält Finsterling trotz seines Leugnens für überführt und beantragt bei der Mitgliederversammlung, die demgemäß beschließt, seinen Ausschluß.

Finsterling möchte wissen, ob er eine gerichtliche Nachprüfung seines Ausschlusses erreichen kann. Mitgeteilt ist ihm sein Ausschluß ohne Angabe von Gründen. Der Vorsitzende hat ihm bei Bekanntgabe des Ausschlusses gesagt, aus derartigen geselligen Vereinen könne jeder jederzeit durch einfache Mehrheit ausgeschlossen werden. In den Satzungen ist darüber nichts enthalten.

Wie wird die Rechtsauskunft lauten? Macht es einen Unterschied, ob der Tennisklub im Vereinsregister eingetragen ist oder nicht? (vgl. RG 73, 190.)

54. Ein Däne kommt auf einer Geschäftsreise nach Italien durch Berlin. Hier wechselt er in einem von einer Aktiengesellschaft betriebenen Bankgeschäft dänische Banknoten gegen deutsches Geld ein. Der Kassierer, der eben entdeckt hat, daß sich in seiner Kasse ein falscher 50-RM-Schein befindet, dessen Einzahler er nicht mehr feststellen kann, gibt diesen Schein, um sich selbst Unannehmlichkeiten zu ersparen, an den Dänen weiter. Als dieser den Schein in einem Wirtshaus in Zahlung gibt, glaubt ein zufällig anwesender Kriminalbeamter in dem Dänen den Komplizen einer internationalen Falschmünzerbande zu entdecken. Der Däne hat als Ausländer und weil er zunächst das Bankgeschäft, wo er den Schein erhalten hat, nicht wiederfinden kann, erhebliche Schwierigkeiten, seine Unschuld zu erweisen und erlangt erst nach mehreren Tagen seine Freiheit wieder.

Kann der Däne von der Aktiengesellschaft Ersatz für die pekuniäre Einbuße verlangen, die er durch sein verspätetes Eintreffen in Italien erlitten hat? (§ 31, § 278, § 831?)

55. Die Kontoristin Abel wurde am 16. Oktober 1905 in Breslau in der Blücherstraße von einem Motorwagen der „Elektrischen Straßenbahn Aktiengesellschaft“ überfahren und so schwer verletzt, daß ihr der rechte Fuß abgenommen werden mußte. Sie lief quer über den Fahrdamm und stolperte über eine Schiene, die in einer Weiche etwa 8 cm über das Pflaster hinausragte und vor der sich eine Vertiefung gebildet hatte. Fräulein Abel blieb in dieser Vertiefung mit dem Fuße hängen, fiel und wurde so überfahren. Die Straßenbahn hatte sich der Stadt Breslau gegenüber verpflichtet, für Ausbesserung des Pflasters zu sorgen und hatte ihrerseits die Aufsicht über den Zustand des Pflasters ihrem langjährigen zuverlässigen Bauführer Hein übertragen. Schon seit längerer Zeit wies das Pflaster in der Blücherstraße solche Vertiefung an mehreren Stellen auf, und wiederholt hatten Breslauer Zeitungen Zuschriften veröffentlicht, in denen die Befürchtung geäußert wurde, es werde infolge des schlechten Pflasters der Blücherstraße noch einmal ein Unglück passieren.

Wird Fräulein Abel mit ihrer Klage auf Entschädigung Erfolg haben? (RG in SeuffA. 66, 345.)

Nichtrechtsfähige Vereine (§ 54).

56. Vor 1900 waren die eigenen Häuser studentischer Korporationen, weil diese ebensowenig wie die hinter ihnen stehenden AH-Verbände juristische Persönlichkeit besaßen, wohl durchweg auf den Namen eines am Sitze der Korporation wohnenden AH eingetragen. Nur das Corps Bremensia in Göttingen hatte eine Aktiengesellschaft „Bremenserhaus" gebildet, die als Rechtsträgerin fungierte.

Welche Vorteile bot diese letzte Regelung gegenüber dem sonst üblichen Verfahren, insbesondere beim Ableben oder Konkurse des im Grundbuche als Eigentümer des Korporationshauses eingetragenen AH, wenn heutiges Recht zugrundegelegt wird? Kann auch heute noch der AH-Verband einer studentischen Korporation sich als Aktiengesellschaft konstituieren, obwohl er die Rechtspersönlichkeit viel einfacher und weniger kostspielig als „Eingetragener Verein" gewinnen kann?

Wenn die studentische Korporation später einmal durch Eintragung ins Vereinsregister Rechtsfähigkeit gewinnt, wie vollzieht sich dann der Übergang des Vereinsvermögens auf die neue Juristische Person? Grundbuchberichtigung oder Auflassung? (Vgl. RG 85, 256.)

57. Die Offiziere eines Kriegsschiffes bilden die „Offiziersmesse", der sämtliche im Offiziersrang stehende Mitglieder der Besatzung angehören. Diese Mitglieder pflegen ihre Verpflegung einem Zivilkoch zu übertragen, der die erforderlichen Einkäufe im eigenen Namen und auf eigene Rechnung zu machen, streng angewiesen ist, um persönliche Haftungen der Offiziere gegenüber den Lieferanten zu vermeiden. Es besteht eine Messeordnung, ein Messevorstand, Mitgliederversammlungen besonders zur Wahl für die einzelnen Messeämter.

Der Offizier, dem die Sorge für den Wein anvertraut ist, bestellt im Namen der Offiziersmesse des betr. Schiffes bei einem Weinhändler eine größere Menge Wein, die auch geliefert wird. Wer haftet für den Kaufpreis? Der Besteller persönlich? Die gegenwärtigen Mitglieder der Messe? Als Gesamtschuldner? Haften die auf ein anderes Schiff kommandierten und damit aus dieser Messe ausgeschiedenen Offiziere für die während ihrer Zugehörigkeit zur Messe kontrahierten Schulden der Messe? Auch die abstinenten Offiziere für Weinschulden? Hat der Eintritt in diese Offiziersmesse als Mitglied Haftung für die vorhandenen Schulden der Messe zur Folge? (Vgl. OLG Kiel, OLG 38, 28. RG bei Gruch. 66, 209.)

58. Die acht Mitglieder einer studentischen Korporation beschließen den Ankauf einer guten Radierung für ihr Verkehrslokal zum Preise von 80 RM. Der Student der Kunstgeschichte August Hase kauft ein solches Bild und erklärt weisungsgemäß dem Händler, der Kaufpreis solle für jedes Mitglied der Korporation mit je 10 RM angeschrieben werden. Der Händler ist damit einverstanden und liefert das Bild. Als aber von den Mitgliedern trotz mehrfacher Mahnung kein Geld eingeht, auch mehrere von ihnen nach auswärts gehen, fordert er den ganzen Betrag von August Hase als dem Besteller des Bildes. — Muß Hase zahlen?

59. Eine aus 12 Mitgliedern bestehende studentische Korporation beschließt, ihr bevorstehendes 50jähriges Stiftungsfest glanzvollst zu feiern. Allgemein ist man davon überzeugt, daß auch sämtliche auswärtige AH mit ihren Damen als selbstzahlende und opferfreudige Gäste erscheinen werden, so daß man mit Sicherheit auf 400 Teilnehmer rechnet. Vergeblich warnt als einziger der Kassenwart vor diesem Optimismus, den er bei der heutigen allgemeinen Wirtschaftslage für durchaus unangebracht hält. Vergeblich weist er auf den schlechten Kassenbestand von gerade 50 RM hin. Er wird überstimmt und dabei auf § 10 der Satzung verwiesen: „Die Mitglieder haften nur mit dem Vereinsvermögen." Der Vorsitzende wird beauftragt, einen 400 Personen fassenden Saal zu mieten und mit dem Wirt die erforderlichen Abreden wegen der Verpflegung der Teilnehmer zu treffen. Der Kassenwart gibt seinen Widerspruch zu Protokoll und kündigt dem Vorsitzenden an, er werde an diesem Fest nicht teilnehmen, um nicht in Schulden zu geraten, worauf der Vorsitzende lachend meint, diese Absage werde der Kassenwart sich wohl noch überlegen. Mit der Anmietung eines geeigneten Lokals betraut der Vorsitzende den besonders ortskundigen Vereinsdiener, unter genauer Instruktion im einzelnen. Der Vereinsdiener mietet demzufolge für die Korporation zum Stiftungsfesttage einen 400 Personen fassenden Saal fest zum angemessenen Preise von 400 RM und erklärt dem Wirt auftragsgemäß, wegen Verpflegung, Musik u. dgl. werde der Vorsitzende in den nächsten Tagen selbst verhandeln. Der Wirt ist damit einverstanden.

Bevor es zu dieser Verhandlung kommt, sind bei der Korporation eine ganze Reihe auswärtiger AH vorstellig geworden und haben den Aktiven klargemacht, daß kaum ein auswärtiger AH sich den Luxus einer solchen Reise und solchen Festes leisten könne. Der Konvent beschließt daher, von seinem Projekt abzusehen, und der Vorsitzende erklärt dem Wirt, daß das Fest nicht stattfinden könne; als Entschädigung biete er 50 RM. Der Wirt meint dagegen, allermindestens müsse er die 400 RM Miete haben, weitere Ersatzforderungen behalte er sich vor. Der Vorsitzende sucht dem Wirt klar zu machen, daß für ihn kaum eine

Aussicht bestehe, mehr als die gebotenen 50 RM zu erhalten und verweist dabei auf die satzungsmäßige Haftungsbeschränkung der Mitglieder. Der Wirt droht darauf, den Vorsitzenden persönlich haftbar zu machen, und als dieser höchstens den — vermögenslosen — Vereinsdiener haften lassen will, bezeichnet der Wirt das als einen unerhörten Schwindel, er werde mit der Korporation nur noch durch seinen Anwalt verkehren und breche die Verhandlung hiermit ab.

Kurz darauf erhält nicht nur der Vorsitzende, sondern auch jeder sonstige Aktive von dem Anwalt des Wirts die Aufforderung 700 RM (400 RM Saalmiete, 300 RM entgangenen Gewinnes), sowie die Anwaltskosten für dies Schreiben im Betrage von 16,50 RM (GebO. f. Ra. § 14) zu zahlen. Gehe das Geld nicht binnen einer Woche ein, sei der Anwalt angewiesen, Klage gegen sämtliche Mitglieder als Gesamtschuldner zu erheben. Für diesen Prozeß werde vorsorglich bemerkt: Die Berufung auf die angeblich in der Satzung enthaltene Haftungsbeschränkung versage, weil sie seinem Klienten nicht bekannt gewesen sei, ferner sei es aber auch mit Treu und Glauben unvereinbar, wenn die Mitglieder der Korporation sich auf die Haftungsbeschränkung beriefen, nachdem sie sich sehenden Auges soweit über die finanziellen Möglichkeiten der Korporation hinaus engagiert hätten. Die Haftung des Vorsitzenden könne nicht bezweifelt werden, denn der Vereinsdiener habe genau nach dessen Weisungen, also nur als Bote, fungiert. Den Gewinn von 300 RM hätte der Wirt auch bei entgegenkommendster Preisgestaltung erzielt. Übrigens sei ihm durch die Vermietung an die Korporation eine Vermietung des Saales für das Jahresfest eines selbst in diesen schlechten Zeiten sehr zahlungsfähigen Vereins entgangen, das ihm vermutlich den doppelten Gewinn eingebracht haben würde.

Die Korporation wendet sich nunmehr an einen ihrer AH, der Anwalt ist, und bittet um Rechtsrat. Zugleich fragt der Kassenwart bei ihm an, ob er nicht schon wegen seines zu Protokoll gegebenen Widerspruchs gegen den verhängnisvollen Konventbeschluß und wegen seiner Absage an den Vorsitzenden von jeder Haftung frei sei?

Wie wird der Rechtsrat lauten? (Vgl. RG 82, 294, OLG Stettin in JW 1924, 218.)

60. Ein „Verein alter Gardisten“, 1900 gegründet und im Vereinsregister nicht eingetragen, veranstaltete ohne polizeiliche Genehmigung 1908 ein Scheibenschießen mit Flobertbüchsen. Das Laden der Gewehre war von dem Vorstande dem früheren Unteroffizier Beckmann übertragen worden. Als dieser die Ladehemmung einer Flobertbüchse zu beseitigen suchte, entlud sich der Schuß und die Kugel, die ihren Weg durch eine Lücke zwischen zwei Brettern eines den Schießstand absperrenden Zaunes nahm, verletzte den dort stehenden 12jährigen Klaus. Dieser klagt gegen den Verein auf Schadensersatz.

Ist die Klage begründet? Nach § 31? Oder ist der Entlastungsbeweis des § 831 zulässig? (OLG Düsseldorf in OLG 22, 115; vgl. OLG Hamburg, JW 1924, 1882.)

61. Eine studentische Korporation löst sich auf. Jede Aussicht auf Rekonstitution ist ausgeschlossen. Ihr nicht eingetragener AH-Verband nimmt die bisherigen Aktiven als Mitglieder auf. Die Aufnahme neuer Mitglieder ist für die Zukunft ausgeschlossen.

Ist damit aus dem bisherigen „Verein“ eine „Gesellschaft“ geworden? Oder gilt § 54 für diesen AH-Verband weiter, der durch Herausgabe eines jährlichen Berichts bei dem Drucker in Schulden gerät? Kann Konkurs über das Vermögen dieses AH-Verbandes (KO § 213) eröffnet werden?

62. Der 19jährige Abiturient Alfred Neumann aus Hamburg bezieht die Universität Marburg. Bei der Abreise hat ihm Vater Neumann ausdrücklich verboten, in eine schlagende Verbindung einzutreten. Neumann wird diesem Verbot zuwider in einer Burschenschaft aktiv. Als Neumann nach dem 2. Semester mit einigen Schmissen nach Hause kommt, erfährt Vater Neumann von diesem Ungehorsam seines Sohnes und schreibt der Burschenschaft empört, sein Sohn sei nie wirksam aktiv gewesen, er verlange jetzt namens seines Sohnes die von diesem gezahlten monatlichen

Beiträge und auch sämtliche Umlagen zurück, die seinem Sohne anläßlich gemeinsamer Veranstaltungen abgenommen seien. Die Burschenschaft hätte sich beim Eintritt seines minderjährigen Sohnes der väterlichen Zustimmung vergewissern müssen.

Muß die Burschenschaft zahlen? Kann Vater Neumann die — natürlich nicht im Vereinsregister eingetragene — Korporation verklagen (§ 50 ZPO)?

Im Konvent schlägt der stud. jur. Max Kluge vor, alle Forderungen des rechthaberischen Vater Neumann zu erfüllen, weil dieser ein sehr unangenehmer Prozeßgegner sein werde, diese Zahlungen aber von Alfred Neumann, wenn dieser erst volljährig sei, wieder einzuziehen. Dieser sei beim Eintritt in die Burschenschaft deliktsfähig (§ 828) gewesen. Dadurch, daß er das strikte Verbot des Vaters verschwiegen habe, habe er der Burschenschaft gegenüber illoyal gehandelt (§ 826), denn er hätte mit dem rigorosen Vorgehen seines rabiaten Vaters rechnen müssen.

Was ist von diesen Ausführungen zu halten? Würde die Burschenschaft trotz fehlender Rechtsfähigkeit klagen können? Oder sind etwaige Forderungen der Burschenschaft „klaglose Verbindlichkeiten"?

63. Bei einer studentischen Korporation in Leipzig wird der stud. Otto Krause aus Berlin aktiv. Krause erweist sich als ein recht interesseloses Mitglied, und als er gegen Ende des Semesters seinen Austritt erbittet, wird ihm dieser gern bewilligt. Wenige Tage später stellt sich heraus, daß Krause aus einem einmal unverwahrten Scheckbuche der Korporation ein Scheckformular entwendet und mit dessen Hilfe 250 RM von dem Guthaben der Korporation bei einer Bank abgehoben hat. Die Korporation möchte den Krause jetzt nachträglich cum infamia exkludieren. Ist das zulässig? (Vgl. RG 78, 134.)

2. Eingetragene Vereine (§§ 55—79).

64. Kann ein Verein „Studentenhilfe" eingetragen werden, der im eigenen Hause Verpflegung für Studenten zu verschiedenen Preisen liefern und aus den Überschüssen, die die teuereren Mahlzeiten ergeben, Freitische für bedürftige Kommilitonen bestreiten will? Ferner setzt der Verein sich für allgemeine studentische Vergünstigungen auf Eisenbahn, im Theater, bei Bücherbeschaffungen ein. Auch wird eine Wäscherei und eine Schusterei betrieben, die schon durch ihr Bestehen die freie Konkurrenz zwingen, den Studenten im Vergleich zu ihrer sonstigen Kundschaft Vorzugspreise zu bewilligen. Die Hypothekenzinsen für das eigene Haus, die Verwaltungskosten und die Entschädigungen an die zum Teil hauptamtlich arbeitenden Inhaber der verschiedenen „Ämter" müssen aus diesen verschiedenen Betrieben bestritten werden.

65. In Halle bildete sich 1911 ein „Verband Hallescher Kassenärzte", der ins Vereinsregister eingetragen wurde. Als dieser Verband mit dem dortigen Krankenkassenverband über einen zwischen beiden Verbänden bestehenden Vertrag in einen Prozeß geriet, behauptete der Kassenverband u. a., der Vertrag sei um deswillen nichtig, weil dem Ärzteverband bei Abschluß des streitigen Vertrages die Rechtsfähigkeit gefehlt habe: der Ärzteverband habe seine Eintragung erschlichen, denn in Wahrheit sei sein Zweck auf einen wirtschaftlichen Geschäftsbetrieb gerichtet.

Das Gericht erklärte diese Behauptung für unerheblich, denn der Prozeßrichter habe die Rechtsfähigkeit eines eingetragenen Vereins nicht nachzuprüfen (RG 81, 208). Ist das richtig?

66. Der Vorsitzende eines eingetragenen geselligen Vereins wird von der Mitgliederversammlung beauftragt, das zu kostspielig gewordene eigene Haus nicht unter 30 000 RM zu verkaufen. Es gelingt dem Vorsitzenden einen zahlungsfähigen Käufer zu finden, der das Haus für 35 000 RM erwirbt. Nach einigen Monaten nimmt der Käufer den Verein auf Schadensersatz in Anspruch, weil der Vorsitzende fahrlässig die Friedensmiete zu niedrig angegeben hat. Haftet der Verein? (Vgl. RG 110, 294.)

II. Stiftungen (§§ 80—88).

67. In einer Universitätsstadt besteht aus dem Jahre 1833 eine rechtsfähige Stiftung, aus deren Aufkünften fünf bedürftige Studierende mit je einem Jahresstipendium von z. Z. 600 RM bedacht werden sollen. Die Bewerber müssen in der Universitätsstadt geboren sein. Die Stiftung untersteht einem dreigliedrigen Direktorium, das die Stipendien auf Grund eines gutachtlichen Vorschlages der Stipendienkommission der Universität verleiht. Für die Auswahl soll satzungsgemäß in erster Linie die Begabung, bei Gleichbegabten die größere Bedürftigkeit entscheiden.

Mit der letzten Stipendienverteilung unter 30 Bewerbern will sich der cand. iur. Queserich, dessen Bewerbung keinen Erfolg hatte, nicht zufrieden geben. Er klagt gegen das Direktorium der Stiftung auf anderweite Verteilung und macht geltend:

1. Der stud. theol. Seelig hätte nicht berücksichtigt werden dürfen. Dessen Eltern hätten zwar zur Zeit seiner Geburt in der Universitätsstadt gewohnt, aber Seeligs Mutter sei in der Klinik einer Nachbarstadt entbunden. Seelig sei somit in eklatanter Verletzung der Satzung bedacht. Diese sei durchaus klar, und daher dürfe der mutmaßliche Wille des Stifters in keiner Weise zur Auslegung herangezogen werden.

2. Der cand. med. Schneider sei ihm zu unrecht vorgezogen. Zwar weise Schneiders Physikum fast nur die Note „sehr gut" auf, während seine, Queserichs, dem Gesuche beigelegten Seminar- und Übungsarbeiten nur mit „gut" zensiert seien. Es sei aber notorisch, daß die Mediziner in ihren Benotungen mit der Note „sehr gut" weit verschwenderischer umgingen als die Juristen mit der Note „gut".

3. Dem mit einem Stipendium bedachten stud. phil. Schlaumeier sei er, Queserich, an Begabung allermindestens gleichwertig. Offenbar sei Schlaumeier ihm um deswillen vorgezogen, weil nach dem eingebrachten Finanzamtszeugnis Vater Schlaumeier keine Einkommensteuer zahle. In Wahrheit treibe Vater Schlaumeier sehr einträgliche Agenturgeschäfte, von denen dem Finanzamt nichts bekannt sei.

4. Der stud. jur. Schuster sei infolge eines fabelhaft günstigen Zeugnisses des Privatdozenten Schraube zur Berücksichtigung gekommen, bei dem Schuster sich durch Auswendiglernen der wunderlichen Definitionen Schraubes beliebt gemacht habe. Er, Queserich, sei jederzeit bereit, in einem Examen der Fakultät sein hervorragendes juristisches Verständnis zu erweisen. Sollte Schuster sich daran beteiligen, so könne dessen bloßes Paukwissen als solches leicht festgestellt werden.

Zum Beweise seiner Behauptungen bezieht sich Queserich auf die Akten der Stipendienkommission, die, als er im Vorzimmer des Rektors eine Stunde habe warten müssen, dort gelegen hätten, und die er gründlich studiert habe.

Hat das angerufene Gericht diese einzelnen Behauptungen des Klägers Queserich nachzuprüfen? (Vgl. OLG 28, 13.) Kann der Rektor als Vorsitzender der Stipendienkommission zur Herausgabe der Akten gezwungen werden? (Vgl. ZPO § 142, 422; BGB 810.) Oder ist die beklagte Stiftung zur Vorlegung der ihr von der Stipendienkommission zugegangenen Mitteilungen verpflichtet? Haben die Mitglieder dieser Kommission das Recht, ihr Zeugnis zu verweigern? (ZPO §§ 382 f.)

Unselbständige (fiduziarische) Stiftungen.

68. Der Besitzer eines Warenhauses macht anläßlich seines 50jährigen Geschäftsjubiläums zugunsten erkrankter Angestellten eine „Stiftung“. Diese wird verwaltet vom Chef zusammen mit einer gewählten Vertretung der Angestellten. Das dafür ausgesetzte Kapital von 100 000 RM ist in Wertpapieren angelegt, die in der Jahresbilanz des Warenhauses unter Bezeichnung nach Gattung und Nummern zu ihrem jeweiligen Kurswert aufgeführt sind. Auf der Passivseite findet sich eine Gesamtbuchung in gleicher Höhe. Welches Schicksal hat diese „Stiftung“, wenn das Warenhaus in Konkurs geht?

69. Im November 1908 verunglückten auf der Zeche Radbod der Gewerkschaft Trier über 300 Bergleute. Unter dem Eindruck dieses Ereignisses bildete sich in Hamm sofort ein 14gliedriges Unterstützungskomitee, das sich mit der Bitte um Zuwendungen zur Milderung der Not der Hinterbliebenen an die Öffentlichkeit wandte. Angesichts des unerwartet hohen Ergebnisses der Sammlung (fast 2 Millionen Mark) beschloß das Komitee, diese Gelder nicht unmittelbar an die Hinterbliebenen abzuführen, sondern es sollten davon Renten gezahlt werden. In Berücksichtigung der von der Knappschaftsberufsgenossenschaft den Witwen gezahlten Sterbegelder und in Lauf gesetzten gesetzlichen Hinterbliebenenrenten bemaß das Komitee seine Jahresrenten an die fast 1000 Hinterbliebenen, wie folgt: 150 M für jede Witwe, jede Vollwaise und jeden unterhaltsberechtigten Aszendenten, 75 M für jede Halbwaise. Die Kinderrenten erlöschen mit dem 16. Lebensjahr, die Witwenrenten mit der Wiederverheiratung, bei der eine Abfindung von 300 M gewährt wird. Jedes Kind erhält bei der Konfirmation oder Kommunion 5 M, Töchter bei ihrer Verheiratung und Söhne bei ihrem Eintritt ins Militär je 200 M. Soweit die Mittel durch diese Leistungen nicht erschöpft wurden, sollte ein Reservefonds gebildet werden zur Unterstützung in besonderen Fällen.

Im März 1909 erhoben 9 Radbod-Witwen gegen die 14 Herren des Komitees bei dem für Hamm zuständigen Landgericht Dortmund Klage mit dem Antrage:

„Kgl. Landgericht wolle die Beklagten verurteilen, anzuerkennen, daß sie verpflichtet sind, die Beträge, welche für die Hinterbliebenen der Verunglückten der Zeche Radbod auf ihren Aufruf hin gezahlt sind, anteilig an die Klägerinnen zu verteilen und demgemäß die rechnungsmäßig auf die Klägerinnen entfallenden Anteile dieser Summe an diese zu zahlen, mindestens aber an jede Klägerin 1000 M,

eventuell,

soweit die Klägerinnen in Betracht kommen, dergestalt zur Auszahlung einer Rente für sie zu verwenden, daß die Renten gezahlt werden können während der vermutlichen Lebensdauer der in Betracht kommenden Hinterbliebenen, daß aber nach Ablauf der vermutlichen Lebensdauer der in Betracht kommenden Hinterbliebenen das gesammelte Kapital aufgezehrt ist."

Mit welcher Konstruktion des Sammelvermögens konnte der die Klägerinnen vertretende Anwalt seine Klage, an der die öffentliche Meinung starken Anstoß nahm, rechtfertigen? (Siehe die Übersicht über die Konstruktionen von Seckel in Verhandlungen des 30. Juristentages [1910] I, 579 ff.)

Das die Klage der Radbodwitwen abweisende Urteil des Landgerichts Dortmund, dessen Tatbestand die gewählte Klagbegründung zeigt, findet sich abgedruckt bei Joerges, Spendungsgeschäft und Sammelvermögen, Halle 1910, S. 87f.

III. Juristische Personen des öffentlichen Rechts (§ 89).

70. Der Reichsfiskus macht gegenüber einer Klage auf Schadensersatz wegen Amtspflichtverletzung eines Beamten (Art. 131 RVerf. mit RG 106, 34; § 839 BGB mit § 1 RGes. v. 22. Mai 1910) geltend, von einer Amtspflichtverletzung könne schon um deswillen nicht die Rede sein, weil der Beamte unter dem Einfluß einer jetzt auch dem Laien erkennbaren progressiven Paralyse gehandelt habe (§ 827). Erheblich?

Wie, wenn der Fiskus eines Landes in solcher Weise in Anspruch genommen wird? (Für Preußen vgl. Ges. v. 1. August 1909 mit EG z. BGB Art. 77.)

Wie, wenn es sich um das Versehen eines Grundbuchrichters handelt? (GBO § 12.)

Wie steht es mit dem Rückgriff des zum Schadensersatz verurteilten Fiskus des Reiches, oder eines Landes auf den Beamten? (Vgl. Pr. AG z. GBO Art. 8.)

71. Der eingetragene Verein „Caritas" unterhält mit Unterstützung aus öffentlichen Mitteln und Zuwendungen Privater ein Krankenhaus. Ein hier gegen Bezahlung aufgenommener Patient wird bei einer Bestrahlung durch ein Versehen des leitenden Arztes schwer verletzt. Haftet der Verein? Kann er sich durch den Nachweis sorgfältiger Auswahl des Arztes exkulpieren? (Vgl. §§ 31, 278, 831.)

Wie, wenn die Verletzung durch eine Lehrschwester verschuldet ist?

Wie ist die Rechtslage, wenn solche Verletzung in einer Universitätsklinik durch ein Versehen eines der beamteten Ärzte oder eines Medizinalpraktikanten vorkommt? Ist es von Bedeutung, ob der Verletzte in der Poliklinik (unentgeltlich) behandelt wurde, oder zahlender, oder Privatpatient des Professors war? (Vgl. § 89; RVerf. Art. 131, RGes. v. 22. Mai 1910 über die Haftung des Reichs für seine Beamten, Pr. Ges. v. 1. August 1909 über die Haftung des Staates und anderer Verbände für Amtspflichtverletzungen von Beamten bei Ausübung der öffentlichen Gewalt (EG. z. BGB Art. 77).

Ist ebenso zu entscheiden, wenn das Versehen einem Strafanstaltsarzt oder einem von diesem mit der Ausführung der Bestrahlung betrauten Aufseher bei der Behandlung eines Strafgefangenen zur Last fällt? (RG 78, 325 mit RG 102, 166; 106, 34.)

72. Eine historische Darstellung der Meutereien in der französischen Armee im Jahre 1917 aus der Feder des Schriftstellers Allard („Oeuvre", 27. August 1932) macht den beiden Generälen Mangin und Nivelle den Vorwurf, daß sie die französische Offensive am Chemin des Dames vom 16. April ungenügend vorbereitet hätten und daher für das furchtbare Blutbad — es fielen 100 000 Mann — verantwortlich seien. Die Senegalschützen wurden in einer für sie noch viel zu kalten Jahreszeit eingesetzt und waren so verfroren, daß sie sich ihrer Gewehre und Handgranaten nicht bedienen konnten. Sie gerieten beim ersten Angriff in Trommelfeuer und wurden von deutschen Maschinengewehren und französischer Artillerie zusammengeschossen. Die Verbandsplätze und Feldlazarette, auf die 160 000 Verwundete zurückfluteten, waren in völliger Unordnung: Nahrungsmittel und Trinkwasser fehlten und tagelang wurden die Verbände nicht gewechselt.

Wäre es bei Anwendung deutschen Rechts, also unter der Annahme, daß diese verhängnisvollen Fehler auf deutscher

Seite gemacht wären, möglich, die schuldigen Generäle zivilrechtlich verantwortlich zu machen?

Die vermögenslose Mutter eines Gefallenen macht geltend, ihr Sohn würde sie lebenslänglich auskömmlich alimentiert haben und verlangt eine entsprechende Rente. Die Witwe eines gefallenen Offiziers fordert die Differenz zwischen der ihr zustehenden schmalen Pension und dem zur Aufrechterhaltung ihrer bisherigen Lebenshaltung nötigen Einkommen.

Zweiter Abschnitt.

Sachen.

Der menschliche Körper.

73. Die unverehelichte Frida Krause, die einen ungewöhnlich schönen und starken Zopf hat, verkauft ihren Zopf an den Friseur Händler und erhält dafür in Rücksicht auf ihre starke augenblickliche Geldverlegenheit sofort 50 RM ausgezahlt. Sie bedingt sich aber aus, daß ihr der Zopf erst nach dem bevorstehenden Weihnachtsfest abgeschnitten werden soll, bei welchem sie in der Weihnachtsaufführung eines Vereins als Engel mit wallenden Haaren auftreten will. Bei dieser Festlichkeit verlobt sie sich mit dem Marine-Obermaaten Schulze, dem sie den Verkauf beichtet. Als dieser droht, die Verlobung aufzuheben, wenn sie sich das Haar abschneiden lasse, bringt sie dem Friseur Händler die 50 RM zurück. Dieser aber weigert die Rücknahme und besteht auf Erfüllung des Vertrages.

Kann Händler seinen Anspruch im Wege der Klage durchsetzen? Wie steht es mit der Zwangsvollstreckung?

74. Bei einem preußischen Vormundschaftsrichter erscheint im Jahre 1901 der Vormund eines dauernd in einer öffentlichen Anstalt untergebrachten idiotischen Zwerges und bittet um Rechtsrat. Die anatomische Sammlung der Universität interessiere sich lebhaft für das demnächstige Skelett des Mündels, dessen Zwillingsschwester schon die Sammlung ziere und habe dem Vormunde eine kleine jährliche Leibrente für den Mündel geboten, falls dieser ihm die Leiche des Mündels schon jetzt verkaufen wollte. Die Sammlung bringe dies Opfer aus Furcht vor der Konkurrenz des Provinzialmuseums, an dem eine ähnliche Sammlung besteht. Der Vormund möchte die Offerte annehmen, um so dem Mündel kleine Freuden in der Ernährung zu verschaffen, für die Mündel sehr empfänglich sei. Irgendwelche sonstige Mittel seien nicht vorhanden. Ob der Mündel Verwandte habe, wisse Vormund nicht, jedenfalls habe sich niemals irgendein Verwandter um den Mündel gekümmert.

Wie wird der Rechtsrat des Vormundschaftsrichters gelautet haben?

75. Der Professor Fingerling seziert die Leiche einer in der ihm unterstellten Universitätsklinik verstorbenen Patientin, ohne deren Angehörige um Erlaubnis zu fragen. Der empörte Witwer zeigt ihn wegen Sachbeschädigung (StGB § 303) an. Kann Fingerling bestraft werden? (RG JW 1931 S. 1489.)

Rechtsgesamtheit und Sachgesamtheit.

76. In der Familie Markiewicz tobt ein Streit um eine Markensammlung. Im wesentlichen ist sie zusammengebracht durch den ältesten Bruder Anton, der als Schüler das Album geschenkt erhielt und die Marken hier einordnete. Als Anton 1895 das Elternhaus verließ, blieb das „Album", ohne daß er je das Eigentum daran aufgegeben hätte, in dem zum elterlichen Haushalt gehörigen Schreibtisch, den Anton in Benutzung gehabt hatte. Der Schreibtisch wurde dann bis 1900 von dem Bruder Bertold, bis 1905 von dem Bruder Carl benutzt und seitdem vom jüngsten Bruder David, der ihn bei seiner Verheiratung aus dem Elternhause mitnahm. Jeder Bruder suchte die Sammlung, solange er sie in Händen hatte, durch Tausch und Kauf zu verbessern. Nach dem Tode Davids fand dessen einziger Sohn und Erbe die Sammlung in dem Schreibtisch seines Erblassers vor und verkaufte alsbald das Album mit Sammlung, von dem er glaubte, es stehe im Eigentum seines Vaters, für 800 RM an den Sammler Kundig.

Die Herausgabe dieser 800 M fordert 1917 im Klagewege nunmehr Anton von seinem Neffen Emil. (Quae sit actio ?) Sein Anwalt führt aus: „Eine Briefmarkensammlung ist als körperliche Gesamtsache ein einheitliches Ganzes, an dem selbständig und unabhängig von dem Wechsel der sie bildenden Einzelsachen Rechte begründet werden können. Die Sachinbegriffe wurden schon nach gemeinem Recht dann als selbständige Sachen angesehen, wenn sie nach der Verkehrsanschauung einen von der Individualität unabhängigen Bestand haben (Regelsberger, Pandekten S. 270, 373). Das trifft wie auf die Herde und die Bibliothek, auch auf eine Münzen- oder Briefmarkensammlung zu. Das BGB hat hieran nichts geändert, es behandelt den Sachinbegriff als etwas Feststehendes und setzt in § 1035 auch voraus, daß dingliche Rechte an ihm bestehen können. Dem Kläger stand also das Eigentum an der Sammlung als solcher, nicht an dem Album und den einzelnen Marken zu, und das Wesen dieser Sammlung wurde nicht dadurch verändert, daß seine Brüder Marken daraus entnahmen und durch andere ersetzten (Hölder, Allg. Teil S. 206, Gierke, Privatrecht 2, S. 53). Da das die einzelnen Marken enthaltende Album als die Hauptsache anzusehen ist, so erlangte Kläger an den neu hinzugekommenen Briefmarken auch dann Eigentum, wenn sie etwa seinen Brüdern gehörten (§ 947 II).“

Bestehen Bedenken gegen diese einem Urteile des OLG Dresden (OLG 36, 158 = SeuffA 73, Nr. 121) entnommenen Ausführungen ?

77. Findet das Surrogationsprinzip (Res succedit in locum pretii pretium in locum rei) in folgenden Fällen Anwendung ?

a) Die Ehefrau, bis dahin Klavierlehrerin, bringt in die Ehe ihr Klavier mit. Der unmusikalische Mann verbietet ihr jegliches Klavierspiel, und als die Frau dem Verbote nicht nachkommt, sogar Stunden gibt, verkauft er das Klavier zum Preis von 300 RM und kauft für diesen Erlös einen Radio-Apparat, mit der Begründung, er höre so bessere Musik. Schon nach einem Jahre wird die Ehe geschieden, wobei ein Streit um den Radioapparat entsteht: Der Mann nimmt ihn als sein Eigentum in Anspruch, weil er ihn im eigenen Namen gekauft habe; die Frau behauptet, nach § 1370 Eigentümerin geworden zu sein. Wer hat recht?

b) Der Spielwarenhändler Kleiner übereignet, um bei dem Fabrikanten Große weiter Kredit zu finden, im Jahre 1929 diesem sein gesamtes Warenlager zur Sicherheit und erhält daraufhin weitere Lieferungen. Im Jahre 1931 geht Kleiner in Konkurs. Der Konkursverwalter will ein Aussonderungsrecht Großes nur an den Stücken des Warenlagers anerkennen, die nach dem Lagerbuch schon 1929 bei der Sicherungsübereignung vorhanden waren. Große behauptet, die seitdem von Kleiner zur Ergänzung des Lagers beschafften Waren seien mit dem Erlöse der zur Sicherheit übereigneten Waren bezahlt und daher wieder in Großes Eigentum getreten.

Wird Große mit diesem Anspruch durchdringen? Hätte Große sich durch eine Klausel in dem Übereignungsvertrage das Eigentum auch an den später beschafften Waren verschaffen können?

c) Bei dem Studienrat Schönwald ist eingebrochen, der Dieb hat u. a. einen Zehnmarkschein gestohlen und kauft damit bei einem Antiquar eine Sammlung von 50 Kriminalromanen, die alsbald von der Polizei beim geständigen Diebe gefunden werden. Kann Schönwald, der sich lebhaft für solche Romane interessiert, diese 50 Bände, die mit seinem Zehnmarkschein bezahlt sind, von dem Diebe vindizieren? Oder gibt es für Schönwald sonst einen Rechtsbehelf, um diese heiß begehrte Lektüre zu erlangen?

Wie steht es im umgekehrten Falle: der Dieb hat bei Schönwald 50 Kriminalromane gestohlen und diese beim Antiquar für 10 RM verkauft, aber den Kaufpreis noch nicht erhalten. Schönwald, der mit dem Verkauf sehr einverstanden ist, um Platz für neue Kriminalromane zu gewinnen, fordert vom Antiquar den Kaufpreis für seine Bücher. Der Antiquar, der die Bücher längst an Unbekannte weiter veräußert hat, will nur den Dieb als seinen Gläubiger anerkennen. Kann Schönwald die Zahlung an sich erzwingen? (Vgl. BGB § 281.)

Res publicae.

78. Zeitungsnachricht aus dem Jahre 1910:

„Aus Wilhelmshaven geht uns folgende sonderbare Meldung zu: Ein Dachdecker hatte Arbeiten für das dortige Kaiserl. Artilleriedepot ausgeführt und dafür auch Bezahlung erhalten bis auf eine Rechnung über 200 Mark, welche die Behörde nicht anerkannte. Infolgedessen klagte der Dachdecker gegen das Artilleriedepot, das vom Gericht zur Zahlung verurteilt wurde. Da das Artilleriedepot keine Zahlung leistete, beauftragte der Dachdecker einen Gerichtsvollzieher mit der Zwangseintreibung. Dieser pfändete hierauf ein kleines Armstrong-Geschütz im Werte von reichlich 300 Mark, das am 16. März zur öffentlichen Versteigerung an den Meistbietenden gelangen soll."

Zulässig?

79. Nach der für Holstein gültigen preußischen Jagdordnung vom 15. Juli 1907 steht das Jagdrecht jedem Eigentümer auf seinem Grund und Boden zu, darf aber nur ausgeübt werden, wenn eine Mindestgröße des Grundeigentums (75 ha) erreicht ist. Die sonstigen Grundeigentümer einer Gemeinde bilden eine Jagdgenossenschaft, welche die Jagd verpachtet.

Wie steht es mit der Jagd am Meeresstrand, der so weit reicht als die gewöhnliche Flut steigt? Sturmfluten bleiben außer Betracht. Ist die Anbringung einer Tafel für den Jagdpächter zweckvoll, in der er darauf hinweist, daß er den Strand von der Jagdgenossenschaft mitgepachtet habe? Einschlägige Bestimmungen des partikularen Rechts fehlen. (Vgl. Art. 69 EG z. BGB.)

Res sacrae et religiosae.

80. Die evangelische Kirchengemeinde eines Dorfes, das im früher gemeinrechtlichen Teile von Hannover liegt, und der dortige Rittergutsbesitzer v. Trotzki streiten um das

Eigentum an der Dorfkirche, die von einem Kirchhofe umgeben ist. Die Gemeinde nimmt die Kirche als öffentliches Gotteshaus in Anspruch, das bis zum Jahre 1911 für den evangelischen Gottesdienst benutzt wurde, während v. Trotzki behauptet, die Kirche sei eine zu seinem Gute gehörige Privatkapelle, in der nur gelegentlich ein öffentlicher Gottesdienst veranstaltet sei. Das Rittergut wurde 1911 im Wege der Zwangsversteigerung von einer Hypothekenbank erstanden, von der es dann v. Trotzki durch Kauf erwarb. Im Grundbuche sind Kirche und Kirchhof unter den zum Rittergute gehörigen Parzellen aufgeführt. Die Kirchenschlüssel hat v. Trotzki in Händen.

Im Jahre 1913 erhebt die Kirchengemeinde gegen v. Trotzki Klage mit folgendem Antrage:

a) anzuerkennen, daß die Kirche nebst Kirchhof und Turm mit zwei Glocken Eigentum der Klägerin ist,

b) die Schlüssel der Kirche an die Klägerin herauszugeben.

(Vgl. RG 7, 218.) Quae sit actio? Leistungs- oder Feststellungsklage (ZPO f§ 256)? Bedenken gegen die Formulierung des Klageantrages unter a? Können res sacrae (Kirche) oder res religiosae (Kirchhof) in privatem Eigentum stehen? Ist mit der Eigentumsfrage auch über das Recht der Gemeinde, die Kirche zu gottesdienstlichen Zwecken zu benutzen (Antrag unter b), entschieden? Vgl. Art. 133 EG. z. BGB. Einschlägige besondere Rechtsnormen gibt es im vormaligen Königreich Hannover nicht.

Rechte an Rechten.

81. Das hannoversche Gesetz vom 14. Dezember 1864, das Pfandrecht und die Befriedigung der Gläubiger im Konkurse betreffend, bestimmte:

„§ 42 Gegenstand des Faustpfandes sind bewegliche körperliche Sachen mit Einschluß der Inhaberpapiere.

§ 50. Die Verpfändung von Forderungen, abgesehen von Inhaberpapieren, ist als bedingte Zession anzusehen und nach den Rechtsregeln über Zession der Forderungsrechte zu beurteilen. Sie ist nur bei Forderungen zulässig, die durch eine Schuldurkunde verbrieft sind.“

Welchen Inhalt hat die Bedingung, unter welche die Zession gestellt ist? Weshalb wurde in diesem Gesetz ein Pfandrecht am Forderungsrecht nicht zugelassen? Gibt es heute dingliche Rechte am Forderungsrecht? (Vgl. §§ 1273, 1068 f. und die Lehrbücher dazu!)

Sachbegriff (§ 90).

82. Der Kaufmann Junge hat glücklich eine gutbezahlte Stellung gefunden, muß aber zur Übernahme dieses verantwortlichen Postens eine Kaution von 10 000 RM stellen. Ein alter Onkel „leiht“ ihm zu diesem Zweck einen Hypothekenbrief über diese Summe auf drei Jahre, den Junge entsprechend verwendet (was heißt das?). Nach Ablauf von zwei Jahren verlangt der Onkel den Hypothekenbrief auf Grund von § 605 Nr. 1 zurück: er habe schwere Vermögensverluste erlitten und müsse, um leben zu können, mit dem Hypothekenbrief eine Leibrente erwerben. Junge macht geltend, der Tatbestand des § 605 sei schon um deswillen nicht gegeben, weil der Hypothekenbrief keine „Sache“ im Sinne des § 598 sei, sondern ein Anhängsel der hypothekarisch gesicherten Forderung (§ 952). Rechte aber könnten nicht „geliehen“ werden (vgl. RG 91, 155).

Sind diese Ausführungen berechtigt?

Vertretbare und verbrauchbare Sachen (§§ 91, 92).

83. Ist ein Spezieskauf von vertretbaren, ein Genußkauf von nicht vertretbaren Sachen möglich? Bilde Beispiele! Praktische Bedeutung der Vertretbarkeit in der Lehre vom Schadensersatz? Im § 651? Ist eine Leihe (§ 518) von vertretbaren Sachen möglich, oder nur ein Darlehn (§ 607)? Ist eine Leihe von verbrauchbaren Sachen möglich oder nur ein Darlehn?

Bestandteil und Zubehör (§§ 93—98).

84. Zeitungsnachricht: „Frau W in Lüneburg hatte ihr dort am Sand gelegenes Haus an eine Gesellschaft in Karls-

ruhe verkauft. Im Kaufvertrag war bestimmt, daß Möbel, Kunstwerke und Altertümer nicht mitverkauft seien. Unter den Begriff „Kunstwerke und Altertümer" rechnete die Verkäuferin auch einen an der Haustür angebrachten altertümlichen Türklopfer, der einen Löwen darstellt, der sich in einem Kranz von Weinreben befindet und im Maule einen Ring trägt. Sie hielt daher diesen Klopfer für ihr Eigentum und nahm ihn beim Verlassen des Hauses mit. Hiergegen protestierte durch Klage die Karlsruher Gesellschaft; der Türklopfer sei ein Bestandteil der Tür und diese ein Bestandteil des Hauses, daher sei der Klopfer als Bestandteil des Hauses mitverkauft. Das Landgericht Lüneburg wies jedoch die Klage auf Herausgabe des Türklopfers ab, weil er zu den Kunstwerken und Altertümern, die vom Verkauf ausgenommen seien, zu rechnen sei."

Kommt es darauf an, ob der Türklopfer wesentlicher oder unwesentlicher Bestandteil des Hauses ist, ob Frau W den Klopfer vor oder nach Eintragung der Käuferin in das Grundbuch an sich nahm?

85. Ist ein in einer Gastwirtschaft aufgestelltes Konversationslexikon Zubehör der Gastwirtschaft? Auch dann, wenn es unter Eigentumsvorbehalt geliefert und die letzte Rate noch nicht bezahlt ist?

Ist eine in einer Gastwirtschaft, einer Badeanstalt, einem Sanatorium für Fettleibige aufgestellte automatische Personenwaage Zubehör? Auch dann, wenn nicht der Gastwirt, sondern der Eigentümer des Automaten den Automaten betreibt und dem Gastwirt dafür monatlich zahlt?

Wie ist es mit einer Viehwaage in einem ländlichen Gasthofe, in dem Viehhändler und Bauern ihre Viehkäufe abzuschließen pflegen? Die Waage ist auf dem zementierten Fußboden eines ihren Ausmaßen entsprechenden kleinen Fachwerkgebäudes, das für die Waage erbaut wurde, lose aufgestellt (vgl. RG in SeuffA 62, 433 gegen OLG [Kiel] 15, 308).

86. Dem Baumschulbesitzer Rein gewährt eine Bank ein Darlehn von 5000 RM. Zur Sicherung dieses Darlehns ist der gesamte Baumschulbestand der Bank auf dem Wege der §§ 930, 868 zu Eigentum übertragen unter der Vereinbarung, daß Rein die Pflanzen für die Bank verwahren, aufziehen und pflegen sollte, bis sie versandmäßig wären (OLG 20, 38).

Die Wirksamkeit dieser Eigentumsübertragung wird von anderen Gläubigern Reins, darunter auch seinen Hypothekengläubigern, bestritten: die Pflanzen seien nach § 94 wesentliche Bestandteile des Grundstücks, könnten also nicht einem anderen als Rein selbst gehören, mindestens seien sie als Zubehör anzusehen, hafteten also nach § 1121 für die Hypotheken vorweg. Die Bank beruft sich demgegenüber auf § 95, denn schließlich seien die Pflanzen doch zum Verkauf bestimmt, sollten also nur solange im Boden bleiben, bis sie verkaufsfähig sein würden. Zubehör könnten Erzeugnisse des Betriebes schon gar nicht sein. — Wer hat recht?

87. Der Eigentümer einer an der Elbe gelegenen Kiesgrube ist in Konkurs geraten. Der Lieferant der feststehenden Lokomobile, mit deren Hilfe die Kieswagen von der Grube an die auf dem Flusse liegenden Schleppkähne und zurück befördert werden, beruft sich auf den Eigentumsvorbehalt, unter dem die Lokomobile, von deren Kaufpreis erst wenige Raten gezahlt sind, seiner Zeit geliefert wurde und verlangt unter Berufung auf sein Aussonderungsrecht als Eigentümer (KO § 40) von dem Konkursverwalter die Herausgabe der Lokomobile. Der Konkursverwalter macht geltend, das Eigentum des Lieferanten an der Lokomobile sei untergegangen, denn die Lokomobile sei zum wesentlichen Bestandteil der Kiesgrube geworden und verweist den Lieferanten wegen seiner noch ausstehenden Kaufgeldforderung in die Reihe der gewöhnlichen Konkursgläubiger. Das vom Lieferanten angegangene Gericht billigt die Rechtsauffassung des Konkursverwalters und weist die Klage mit dieser Begründung ab. Sobald das Urteil die Rechtskraft beschritten hat, schreibt der Konkursverwalter dem Lieferanten, er habe sich entschlossen, den Betrieb der Kiesgrube als nicht mehr lohnend aufzugeben und biete die noch wenig benutzte Lokomobile ihm als dem Hersteller zum Kaufe an, der sie vielleicht noch am ehesten verwerten könne.

Der über den Verlust seines ersten Prozesses schwer verärgerte Lieferant sieht in dieser Offerte des Konkursverwalters eine Verhöhnung und will sich diese Schikanen nicht gefallen lassen. Er wendet sich an seinen Anwalt um Rechtsrat, wie er die neu geschaffene Rechtslage für sich ausnützen könne. Mit dem Entschluß des Konkursverwalters, die Kiesgrube still zu legen und ihre Bestandteile zu verkaufen, habe doch die Lokomobile ihre Eigenschaft als wesentlicher Bestandteil verloren und damit müsse der Eigentumsvorbehalt wieder wirksam werden. Wenn der Konkursverwalter sich im Prozeß mit Erfolg auf die Wertzerstörung berufen habe, die die Herausgabe der Lokomobile für die Kiesgrube bedeute, sei es dolos, wenn er unmittelbar nach dem Gewinn des Prozesses, den in der Gesamtanlage der Kiesgrube verkörperten Wert selbst zerstöre und so den volkswirtschaftlichen Grundgedanken der Lehre vom wesentlichen Bestandteil in sein Gegenteil verkehre.

Wozu wird der Anwalt raten?

88. Der sehr wohlhabende Rentner Reichmayer läßt sich an einer landschaftlich hervorragenden Stelle eine Villa bauen. Sein Architekt legt besonderes Gewicht auf eine diskrete Färbung des roten Ziegeldaches und schlägt dem Reichmayer vor, Ziegel eines alten Gebäudes zu verwenden, die durch ihre gleichmäßige Verwitterung am besten wirken würden. In einem abgelegenen Dorfe findet Reichmayer eine Scheune, deren Ziegel in ihrer Färbung vortrefflich dem Zweck entsprechen und kauft dem Eigentümer der Scheune, dem Vollhufner Schlauer, die Ziegel gegen eine Summe ab, mit der Schlauer die Scheune neu decken lassen kann.

1. Bedarf dieser Kaufvertrag der Form des § 313?

2. Wie, wenn Schlauer sich trotz gültigen Kaufvertrages weigert, die Scheune abzudecken oder das von Reichmayer übernommene Abdecken zu dulden? Kann Reichmayer

sich die Ziegel im Wege der Zwangsvollstreckung verschaffen? (ZPO § 883, § 885, § 887, § 890?) Oder hat Crome (System des Deutschen Bürgerlichen Rechts, I, 1900, § 59 Anm. 10) recht, wenn er lehrt: „Es kann der wesentliche Bestandteil so gut wie der unwesentliche verkauft werden. Nur die Abtrennung (Lieferung) des wesentlichen Bestandteils kann der Käufer nicht erzwingen. Sein Recht erstreckt sich nicht objektiv auf das Versprochene (dem steht § 93 entgegen). Aus der Obligation folgt für den Käufer nur evtl. ein Recht auf Schadensersatz." ?

3. Kann ein Hypothekengläubiger, den Schlauer dazu anstiftet, der Entfernung der Ziegel wirksam widersprechen? Auch dann noch, wenn die Ziegel schon abgedeckt oder gar schon abgefahren sind? (Vgl. BGB §§ 1121, 1122.)

89. Der Landwirt Sommer hat eine staatliche Domäne auf 18 Jahre gepachtet. Gleich im ersten Pachtjahre baut er wegen veränderter Betriebsweise eine Feldscheune. Sein Sohn, Student der Rechte, interessiert sich für die Frage, wem die Scheune gehört. Er konstatiert, daß sie aus Fachwerk auf einem gemauerten Fundament errichtet und mit Ziegeln gedeckt ist. Infolgedessen neigt er dazu, das Eigentum an ihr nach dem Satze „superficies solo cedit" (§ 94) dem Fiskus zuzusprechen, wird aber wegen § 95 zweifelhaft und fragt seinen Vater, ob er die Scheune „nur zu einem vorübergehenden Zwecke mit dem Grund und Boden verbunden habe". Sein Vater meint darauf, eine so dumme Frage könne nur ein Jurist stellen. Er denke selbstverständlich nicht daran, die Scheune nach Ablauf seiner Pachtzeit mitzunehmen, die Scheune werde, wenn nicht vom Fiskus, so doch von seinem Pachtnachfolger übernommen. Nur das könne zweifelhaft sein, wieviel er für die Scheune erhalten werde. Als vorsichtiger Geschäftsmann werde er natürlich darauf Bedacht nehmen, die Scheune in den noch vor ihm liegenden 17 Pachtjahren abzuschreiben.

Wie ist der Zweifel des jungen Sommer hiernach zu lösen? (Vgl. RG 87, 51.) Wird die Scheune, wenn man sie dem § 95 unterstellt, zur beweglichen Sache, oder ist sie als unwesentlicher Grundstücksbestandteil unbeweglich? (RG 59, 21.) Da sie nach unserer Grundbuchverfassung ein Grundbuchblatt nicht erhalten kann, könnten die Vorschriften des Sachenrechts, die ein solches zur Voraussetzung haben, allerdings nicht zur Anwendung kommen. Wäre eine Verpfändung der Scheune als Faustpfand (§ 1205) möglich? Bedürfte ein Verkauf der Scheune an den Pachtnachfolger der Form des § 313?

90. Wie kann ein Maschinenfabrikant, der seine Maschinen auf Abzahlung liefert, sich davor sichern, daß die Gerichte den wirtschaftlich unentbehrlichen Eigentumsvorbehalt an der verkauften Maschine nicht dadurch unwirksam machen, daß sie die Maschine nach der Rechtsprechung des Reichsgerichts (siehe die Kommentare zu §§ 93 ff.) zum wesentlichen Bestandteil des Fabrikgrundstücks erklären, auf dem sie zur Aufstellung gelangt?

1. Genügt eine möglichst leicht lösbare Verbindung der Maschine mit dem Boden oder dem Gebäude, etwa nur durch Schrauben oder sich festsaugende Gummiplatten? (Vgl. RG 87, 46, aber auch 62, 406; 67, 30, 130, 266.)

2. Führt die Abrede zum Ziele, daß die Maschine von ihrem Lieferanten dem Abnehmer zunächst nur vermietet und erst nach Bezahlung des vollen Kaufpreises übereignet werden soll? Sachen, die der Mieter eines Grundstücks mit diesem in der Absicht fest verbindet, daß die Verbindung nur für die Dauer des Mietverhältnisses bestehen soll, sind nach fester Praxis des Reichsgerichts (RG 87, 51) als nur zu einem vorübergehenden Zweck mit dem Grund und Boden verbunden anzusehen, und zwar gleichviel, ob das Mietverhältnis von kürzerer oder längerer Dauer ist. (Vgl. auch § 95 Satz 2.)

3. Kann der Maschinenlieferant seinen Eigentumsvorbehalt mit Hilfe eines Erbbaurechts (§ 1 der VO. über das Erbbaurecht vom 15. Januar 1919) oder einer beschränkten persönlichen Dienstbarkeit (§ 1090) unangreifbar machen? (§ 95 Satz 2.) Die entsprechenden Eintragungen in das Grundbuch sind zu formulieren. — Wirtschaftliche Bedenken?

91. Der Schleswigsche Marschbauer verwendet seine Gräsung in der Weise, daß er Vieh in „Pension“ nimmt, wobei der Pensionspreis nach dessen Gewichtzunahme berechnet wird. Oder bei genügender Kapitalkraft kauft er im Frühjahr Magervieh, um es im Herbst dann wieder zu verkaufen, weil es für den großen Sommerbestand von Vieh im Winter an ausreichender Nahrung fehlt. Nur in dem Ausmaße der Nahrung wird im Winter Vieh gehalten.

Wie steht es mit der Zubehöreigenschaft des Pensionsviehs und des eigenen Viehs im Sommer? Ob ein bestimmtes Rind im Herbst verkauft oder überwintert wird, entscheidet sich erst zur Verkaufszeit und hängt von dem Gedeihen des Stücks und den konkreten Verkaufsmöglichkeiten ab. Welche Stücke Vieh können persönliche Gläubiger des Bauern pfänden, ohne eine Beschlagnahme auf Betreiben der Hypothekengläubiger (§ 1121) befürchten zu müssen?

Früchte, Nutzungen und Lasten (§§ 99—103).

92. Sind die Pilze, die auf einer Viehweide oder im Walde wachsen, Frucht des Grundstücks? Auch dann, wenn der Grundstückseigentümer sie unbeachtet verkommen läßt oder Liebhaber am Einsammeln nicht hindert? Kann der Eigentümer, auf dessen Grundstück ein pilzkundiger Wandersmann einen großen Rucksack eßbarer Pilze gesammelt hat, die Herausgabe dieser Pilze oder ihren Wert verlangen? Oder etwa nur gegen angemessenen Stundenlohn?

93. Beim Pflügen eines Ackers ist ein Bauer auf Tonscherben gestoßen, die ein zufällig vorüberkommender Museumsdirektor als von einer Graburne aus vorgeschichtlicher Zeit herrührend erkannte. Er kauft dem Bauern diese Urnenscherben für wenige Groschen ab. Sind diese Scherben oder ihr Erlös Frucht des Grundstückes?

Der Museumsdirektor hört auf nähere Erkundigung, daß auf diesem Acker schon oft solche Funde gemacht sind. Er vermutet ein ausgedehntes Urnenfeld und erwirbt schließlich, da der Bauer sich auf nichts anderes einlassen will, das wenig ertragreiche Grundstück käuflich für sein Museum.

Jetzt werden systematische Grabungen veranstaltet und eine große Menge unbeschädigter Urnen freigelegt. Sind diese Frucht des Grundstücks?

94. Ist das nach Preußischem Bergrecht bergbaufreie, d. h. dem Grundeigentümer zustehende Öl Frucht des Grundstücks nach Abs. 1, 2 oder 3 des § 99?

Wie, wenn das Öl von einem Unternehmer gegen ein Entgelt an den Grundeigentümer gewonnen wird? In einem Ölvertrag, durch den der Unternehmer von dem Grundeigentümer das Recht erwirbt, das etwa vorhandene Öl zu gewinnen, wird dem Grundeigentümer, neben Bezahlung der geförderten Menge Öl, für die Jahre bis zum Beginn der Bohrung ein jährliches „Wartegeld" zugesichert. Ist dieses Wartegeld Frucht des Grundstücks? Erstreckt sich die Hypothek auf dies Wartegeld? (Vgl. §§ 96, 1120 f., 1127.)

95. 1. In der Lüneburger Heide muß ein großer Bestand von Kiefern gegenüber der hergebrachten Abtriebsperiode 12 Jahre zu früh geschlagen werden, weil Nonnenfraß droht. Der Wald gehört zu einem zur Zeit auf noch 6 Jahre verpachteten Bauernhofe. Verpächter (§ 953) und Pächter (§§ 581, 956) streiten um das Holz.

Wer hat recht? (§ 101?)

2. Der Bauernhof gehört dem einzigen, jetzt 19jährigen Sohn des verstorbenen Bauern, der seiner Witwe den Nießbrauch (§ 1030) an dem Hofe bis dahin vermacht hat, daß der Sohn das 25. Lebensjahr vollendet hat, von da an bekommt die Witwe nur ihr Altenteil („Hege und Pflege in gesunden und kranken Tagen"). Fällt das Holz der Witwe (§§ 1030, 1039) oder dem Sohne zu (§ 101)?

Dritter Abschnitt.

Rechtsgeschäfte.

Allgemeines.

96. Der Referendar Junge ist bei dem Amtsgerichtsrat Werner, dem er zur Ausbildung überwiesen ist, einem alten Freunde seines verstorbenen Vaters, zum Mittagessen eingeladen. Da Junge weiß, daß Werner oft recht unbequeme Fragen nach der rechtlichen Bewertung von dienstlichen und außerdienstlichen Vorgängen stellt, die sich gerade abspielen, bereitet er sich während des Essens auf folgende Fragen vor:

Habe ich über die von mir benutzte Serviette mit Werner einen Leihvertrag geschlossen? Bin ich Besitzer des Tellers, auf dem mir die Suppe serviert wird? Eigentümer der stattlichen Fleischportion, die ich mir auf das Zureden der Hausfrau genommen habe? Habe ich mit Werner einen Schenkungsvertrag über die Zigarre abgeschlossen, die mir nach dem Essen angeboten wurde und über die alte Zigarrentasche, die Werner einst von meinem Vater dediziert wurde, und die mir Werner beim Abschied überreichte? Bin ich Eigentümer der Zigarette geworden, die ich mir unaufgefordert für den Nachhauseweg einsteckte? Bin ich im Rechtssinne Entleiher des Schirms, der mir wegen drohenden Regens mitgegeben wurde?

Wie sind diese Fragen, die Werner zur Freude von Junge nicht stellt, richtig zu beantworten?

97. Der Rechtskandidat Frei geht auf einer Tanzfestlichkeit mit seinem Glase Rotwein unvorsichtig um und schüttet den Inhalt seiner früheren Freundin, der Studentin der Rechte Ilse Zärtlich, über deren neues, sehr empfindliches Kleid. Als Ilse Zärtlich von ihm Schadenersatz verlangt, weil er den Tatbestand des § 823 I verwirklicht habe, beruft sich Frei auf das Wort des verstorbenen Berliner Rechtslehrers Josef Kohler: „Im Ballsaal hat die Jurisprudenz nichts zu suchen“, und lehnt jeden Ersatz ab.

Ist Fräulein Zärtlich im Recht? Hat nicht trotzdem Kohlers Wort seinen guten Sinn?

98. Der im Referendarexamen auf 12 Monate durchgefallene Rechtskandidat Sicher verlangt schon nach zwei Monaten, erneut zum Examen zugelassen zu werden. Es habe sich nachträglich herausgestellt, daß ein mitprüfender, jetzt geistig schwer erkrankter Professor schon beim Examen sich in einem die freie Willensbestimmung ausschließenden Zustande krankhafter Störung der Geistestätigkeit befunden habe. Das Examen sei daher nichtig.

Was ist von diesem Vorbringen zu halten? Vgl. Jellinek, Verwaltungsrecht, 3. Auflage, S. 273: „Nicht unwirksam ist der Verwaltungsakt eines geisteskranken Beamten." Ferner: RG, I. Str.-Senat, DJZ 1928, 522.

99. Der stud. jur. Zähler erhält eines Tages eine Mittagseinladung von dem ihm ganz unbekannten Geh. Regierungsrat Knicker und Frau. Bei dem feierlichen Besuch, den er daraufhin sofort macht, stellt die Frau Geheimrat fest, daß die Einladung gar nicht für ihn, sondern für einen Namensvetter bestimmt ist, was die Adresse der Einladung nicht erkennen ließ, und nimmt die Einladung mit dem Ausdruck des Bedauerns zurück. Zähler, der sich über diese Behelligung ärgert, fordert jetzt von Knicker 60 Pfg. Durch Knickers Einladung ist er nämlich um eine andere Einladung gekommen und muß zu diesem Preise in der Mensa essen.

Ist Zählers Forderung berechtigt?

100. Aus dem Simplizissimus:

Einst gingen zweie durch Wald, Abraham und Moritz. Da kam ein Räuber mit einer Pistole, schrie „Hände hoch!" und plünderte die beiden aus. „Herr Räuberleben," sprach Abraham, „mir sennen doch nu in Ihrer geschätzten Gewalt — an ä Entrinnen is nix zu denken, ün ünser Vermeegen is Ihr Vermeegen — sein Se menschlich, Herr vün Räuber, ün tün Se mir ä Gefallen: lassen Se mich nur einmal noch, nur ä bissel, in Portfell greifen!" „Gut", sagte der Räuber und hielt das Portefeuille hin. Abraham zog einen Tausendmarkschein daraus hervor und sagte: „Moritz! Ich bin dir tausend Mark schuldig. Da hast de se." Moritz läßt sich, gänzlich verdattert, den Schein von Abraham in die Tasche stecken, wo ihn der Räuber sofort wieder konfisziert. Ist Abraham von seiner Schuld frei?

Erster Titel.

Geschäftsfähigkeit (§§ 104—115).

(zu § 112 siehe Fall 9).

101. Der greise Geheimrat Sorgsam erholt sich am Strande von Borkum. Bei Ebbe sieht er von weitem eine angeschwemmte Tintenfischschale und geht darauf zu. Der neunjährige Schüler Flink sieht den alten Herrn auf einen unerkennbaren Gegenstand zugehen, überholt ihn, nimmt die Schale auf und weigert Herausgabe, weil die Sache ihm gehöre (§ 958).

Sorgsam glaubt als Entdecker (ohne ihn hätte Flink die Schale nicht gefunden), das erste Anrecht auf die Schale zu haben und möchte wissen, ob er gegen Flink klagen kann, notfalls aus unerlaubter Handlung oder Bereicherung.

Wie ist die Rechtslage dann, wenn der sechsjährige Klein die Schale entdeckt und an sich genommen hat, nun sein Freund, der neunjährige Flink, ihm die Schale gewaltsam wegnimmt, und jetzt Vater Klein verlangt, daß Flink die Schale wieder herausgibt? (§§ 854, 858, 863, 985, 823, 828?)

102. Sind die Voraussetzungen der Entmündigung wegen Geisteskrankheit (§ 6 Nr. 2), der Geschäftsunfähigkeit nach § 104 Nr. 2, der Nichtigkeit einer Willenserklärung nach § 105 II identisch? (RG b. Gruch. 53, 902; SeuffA 63, 90.) — Gibt es freie Willensbestimmung trotz geistiger Erkrankung? (Vgl. § 6 Nr. 2, § 105 II.) Genügt zur Nichtigkeit nach § 105 II eine vorübergehende Störung der Geistestätigkeit, ohne daß die freie Willensbestimmung ausgeschlossen wäre? (RG 103, 400.) — Gibt es den Ausschluß freier Willensbestimmung ohne geistige Erkrankung (Sammlerleidenschaft, ehemännliche Abhängigkeit von der Frau)? Rechtsfolgen? — Gibt es nach § 104 Nr. 2 eine partielle (gegenständlich oder zeitlich beschränkte) Geschäftsunfähigkeit, sodaß ein geistig Erkrankter manche Rechtsgeschäfte vornehmen kann, andere nicht? (Ist hierfür irgendwie bedeutsam, ob das Geschäft für den Kranken nützlich oder schädlich ist?) Oder sind solche Fälle unlichter Zwischenräume (illucida intervalla) nach § 105 II zu lösen? Praktische Bedeutung der einen oder der anderen Lösung? (Vgl. §§ 131, 206, 1676, 1780.) — Wie steht es mit der Geschäftsfähigkeit von entmündigten und von nicht entmündigten Geisteskranken in lichten Zwischenräumen (lucida intervalla)?

103. Ein vor längeren Jahren verstorbener gefeierter Rechtslehrer bildete sich ohne jeden Grund ein, ein Nachkomme des großen Kurfürsten zu sein, mit dem er eine gewisse äußere Ähnlichkeit hatte. Im Kreise der Kollegen war es kein Geheimnis, daß die Mediziner diese Einbildung für eine pathologische fixe Idee hielten.

Gesetzt den Fall, dieser Rechtslehrer würde eine Rüstung des Großen Kurfürsten, die einen Sammlerwert von höchstens 500 RM hat, für 5000 RM kaufen, wäre dieser Kauf wirksam? (§ 104 Nr. 2; § 105 II?) Sein Einkommen gestattete ihm eine solche Extravaganz durchaus.

Hätte dieser Rechtslehrer wegen Geisteskrankheit oder Geistesschwäche entmündigt oder nach § 1910 II unter Pflegschaft gestellt werden können?

104. Der Direktor einer Irrenanstalt schickt einen wegen Geisteskrankheit entmündigten Patienten, der im Garten beschäftigt wird, in die Stadt, damit der Patient sich in einem beliebigen Geschäft einen ihm gut in die Hand passenden Spaten aussucht. Das dazu nötige Geld wird dem Patienten mitgegeben. Ist der von dem Patienten durchaus sachgemäß abgeschlossene Kauf wirksam? (Vgl. § 165.)

105. Was bedeutet der Satz: „Geisteskranke, Minderjährige und Ehemänner werden auf Kosten ihrer Gegenkontrahenten geschützt?“ Wegen der Ehemänner vgl. §§ 1395 f., 1404.

106. Frau Knauser ist wegen Geistesschwäche entmündigt, sie leidet an dementia senilis (Altersschwachsinn). In gesunden Tagen hat sie ein Testament zugunsten ihrer bewährten langjährigen Haushälterin Meta Sorger errichtet. Eines Tages, als Fräulein Sorger ihr einen törichten Wunsch nach einer schweren Speise verständigerweise versagt, ärgert sich Frau Knauser so, daß sie ihr Testament widerruft. Nach dem Tode der Frau Knauser streiten sich weitläufige Verwandte der Erblasserin als gesetzliche Erben und Meta Sorger als Testamentserbin um die Erbschaft. Die Verwandten berufen sich darauf, daß Geistesschwache ein vor der Entmündigung errichtetes Testament widerrufen können (§ 2253), Meta Sorger bringt ein ärztliches Attest bei, wonach Frau Knauser infolge Fortschreitens ihrer Arterienverkalkung beim Widerruf des Testaments nach § 104 Nr. 2 geschäftsunfähig war.

Wer bekommt die Erbschaft?

107. Um sich vor Verlusten zu schützen, die durch den Geschäftsverkehr mit „heimlich Geisteskranken" entstehen, nimmt eine Bank in ihre allgemeinen Geschäftsbedingungen, die von jedem neuen Kunden unterzeichnet werden müssen, einen Passus auf, wonach der Kunde die Schadloshaltung der Bank für alle Fälle übernimmt, in denen die Bank durch die Geschäftsunfähigkeit des Kunden Verluste erleidet. Ist die Bank, wenn der Kunde in gesunden Tagen diesen Passus unterschrieben hat, in folgendem Falle gesichert:

Der inzwischen, ohne daß es bemerkt ist, geisteskrank gewordene Kunde gibt den Auftrag, seine bei der Bank deponierten Wertpapiere zu verkaufen und läßt sich den Erlös auszahlen. Mit diesem Gelde sucht er einen Verbrecherkeller auf, wo er, angeregt durch die Lektüre von Kriminalromanen, ungeheuerlich mit einer eigenen erfolgreichen Verbrecherlaufbahn renommiert, und, um Glauben zu finden, einen großen Teil des Geldes an unbekannte Personen verschenkt. Der Rest wird ihm gestohlen. Der schleunigst bestellte vorläufige Vormund (§ 1906) macht der Bank gegenüber, gestützt auf psychiatrisches Gutachten, geltend, daß sein Mündel sich bei dem Auftrage, die Wertpapiere zu verkaufen, wie bei der Empfangnahme des Erlöses in einem die freie Willensbestimmung ausschließenden Zustande krankhafter Störung der Geistestätigkeit befunden habe und verlangt von der Bank Wiederbeschaffung der inzwischen stark gestiegenen Wertpapiere. Die Bank beruft sich darauf, daß sie keinerlei Verschulden treffe. Der Vormund muß das zugeben, und als er trotzdem auf seiner Forderung besteht, beruft sich die Bank auf ihre Freizeichnung für den Fall der Geschäftsunfähigkeit des Kunden.

Ist das Verlangen des Vormundes — abgesehen von der Freizeichnung — gerechtfertigt? Wie wirkt die Freizeichnung?

108. Ein wohlhabender Geisteskranker wird von seinem Vormunde in einem privaten Sanatorium untergebracht. In Rücksicht darauf, daß der Kranke sehr unruhig ist, und zu Sachbeschädigungen und Körperverletzungen neigt, bedingt sich der Leiter des Sanatoriums aus, daß der Kranke ersatzpflichtig für alle von ihm verursachten Schädigungen sei. Ist diese Abmachung trotz § 827 wirksam?

109. August Glücksmann hat in einem Bankgeschäft eine AEG-Aktie zum damals sehr niedrigen Tageskurse gekauft und bar bezahlt, die Bank hat die Aktie in Verwahrung genommen. Gleich darauf wird Glücksmann wegen Paralyse entmündigt. Dem psychiatrischen Sachverständigen ist es nicht zweifelhaft, daß der Ankauf des Börsenpapiers einer pathologischen Größenidee entsprungen ist. Glücksmanns Vormund erfährt von dem Bankdirektor, dem er dies erzählt, daß die AEG-Aktien inzwischen auf das Doppelte gestiegen sind, und als er daraufhin der Bank den Auftrag gibt, die Aktie zu verkaufen, beruft sich diese auf die Geisteskrankheit Glücksmanns beim Ankauf der Aktie. Der Vormund meint, die Geschäftsunfähigkeit der Geisteskranken sei im Gesetz zum Schutze der Kranken, nicht zu ihren Lasten ausgesprochen. Die Bank erklärt, sie sei so oft durch Geisteskranke zu Schaden gekommen, daß sie diesen Glücksfall für sich ausnützen müsse. Der Vormund hält das für dolos.

Wer hat recht? (Vgl. RG in JW 1915, 570.)

110. Eine gut geleitete Privatirrenanstalt erklärt sich dem Vormunde der geistesschwachen Dora Weißhaar gegenüber für bereit, die Patientin bis zu ihrem Tode zu verpflegen, wenn das kleine Vermögen nach ihrem Tode der Anstalt zufällt. Der Vormund bittet einen Anwalt, ihm eine entsprechende Urkunde zu entwerfen, dabei aber zu beachten, daß die Anstalt das Vermögen erst mit dem Tode der Mündelin erhält, damit diese nicht durch einen finanziellen Zusammenbruch der Anstalt gefährdet wird.

Die Urkunde ist zu entwerfen. Beachte dabei §§ 2064, 2229, 2274, 2275!

111. Die wegen Geistesschwäche entmündigte Auguste Munter möchte heiraten. Zulässig? (§ 1304.)

Als sie beim Standesbeamten ihr Aufgebot bestellt, benimmt sie sich so läppisch und gibt so törichte Antworten, daß der Standesbeamte bei ihr einen die freie Willensbestimmung ausschließenden dauernden Zustand krankhafter Störung der Geistestätigkeit konstatiert. Der mitanwesende Vormund meint, ja, so sei sie nun mal, aber er gebe seine Einwilligung doch, denn sie werde es bei ihrem etwas beschränkten, aber sehr gutmütigen Mann immer noch besser haben, als bei ihren Eltern.

Wie hat der Standesbeamte sich zu verhalten?

Kann die Ehe, wenn sie gleichwohl geschlossen wird, für nichtig erklärt werden? (§§ 1325, 1329.) Kann der Ehemann, dem doch der geistige Zustand seiner Frau bei der Eheschließung bekannt war, die Nichtigkeitsklage (ZPO. § 623) erheben?

112. Der 17jährige Kohlmann, dessen Vater entschiedener Vegetarier ist und seinem Sohne jede Fleischnahrung verboten hat, bezieht die Universität. Der Sohn ißt eines Tages im Wirtshaus ein Beefsteak und bleibt es schuldig. Wie kommt der Wirt zu seinem Gelde?

113. Der 18jährige Student Leichtfuß bezieht Ostern 1932 die Universität Kiel. Von seinem auswärts wohnenden

Vater erhält er einen monatlichen Wechsel von 130 RM, außerdem Kleidung und Universitätsgebühren. Bei der Abreise wird ihm jedes Schuldenmachen auf das Ernstlichste untersagt und streng verboten, aktiv zu werden. — Trotzdem muß der Vater, als sein Sohn nach Schluß des Semesters nach Hause kommt, die Entdeckung machen, daß dieser die väterlichen Ermahnungen völlig mißachtet hat, denn es laufen eine ganze Anzahl von Rechnungen und Mahnschreiben ein, darunter folgende:

1. Die Waschfrau Müller fordert die letzte Wäscherechnung mit 3,50 RM.

2. Der Gastwirt Warmbold verlangt für den Mittagstisch, den Leichtfuß bei ihm genommen hat, die Monate Juni und Juli mit 61 RM bezahlt.

3. Der Gastwirt Kühl, bei dem Leichtfuß seine Abende verbrachte, überreicht für Speisen und Getränke aus Juli eine Rechnung von 90 RM, für zerbrochene Gläser 3 RM.

4. Die Korporation, bei der Leichtfuß, väterlichem Verbot zuwider, aktiv geworden ist, beansprucht ihren Mitgliedsbeitrag für Juli mit 6 RM.

5. Die unverehelichte Frida Zwick behauptet, Leichtfuß habe ihr die Ehe versprochen. Sie habe infolgedessen ihre Stellung als Telefonistin aufgegeben. Nachdem Leichtfuß die Verlobung ohne triftigen Grund gelöst habe, sei er verpflichtet, ihr zeitlebens das Gehalt zu zahlen, was sie als Beamtin bezogen haben würde (§ 1298).

6. Nach einigen Monaten schreibt der Vormund eines inzwischen von Fräulein Zwick geborenen Kindes an den Vater Leichtfuß und verlangt für das Kind eine Rente von monatlich 30 RM (§ 1708) und als Bevollmächtigter des Fräulein Zwick die Entbindungskosten in Höhe von 100 RM (§ 1715).

Der Sohn Leichtfuß gibt seinem Vater auf Befragen zu, daß er die Posten 1—4 schuldig geworden sei. Der Zwick habe er wohl erklärt, er werde sie einmal heiraten, aber nicht ernsthaft, sondern nur, um sie zutraulicher zu machen. Von einer Verlobung könne gar keine Rede sein. Ihre Stellung habe sie aufgegeben, ohne ihn zu fragen. Ob das Kind wirklich von ihm herrühre, wisse er nicht, denkbar sei es schon.

Der Vater begehrt Rechtsrat, welche Beträge er aus dem seiner Verwaltung unterliegenden kleinen Vermögen des Sohnes oder aus eigenen Mitteln bezahlen müsse. Ferner möchte Vater Leichtfuß wissen, ob er die 60 RM, für die sich sein Sohn ein neues Fahrrad gekauft habe, nicht gegen Rückgabe des Rades von dem Fahrradhändler verlangen kann. Wegen der unerhörten Julirechnung des Gastwirts Kühl möchte er mit den stattlichen Zechen aufrechnen, die sein Sohn, der seinen Wechsel doch nicht zu solchem Zweck bekommen habe, im Mai und Juni bei Kühl gemacht und bar bezahlt habe.

114. Der etwas leichtlebige 19jährige Handlungsgehilfe Windhausen sucht eines Abends das bekannteste Schlemmlokal seiner kleinen Heimatstadt auf und läßt sich durch die Speisekarte verführen, eine Reihe sehr teurer Gerichte zu verzehren und dazu die entsprechenden Weine zu trinken. Die Zeche von 22 RM wird, weil er nicht genug Geld bei sich hat, angeschrieben. Als die Rechnung längere Zeit nicht bezahlt wird, wendet der Wirt sich an den Vormund Windhausens, der Zahlung mit der Begründung ablehnt, solche Extravaganzen seines nur mäßig begüterten Mündels zu bezahlen, müsse er schon aus erzieherischen Gründen ablehnen. Der Wirt beauftragt seinen Stammgast Neubauer, der sich eben als Anwalt niedergelassen hat, gegen Windhausen vorzugehen. Von einer Strafanzeige, zu deren Androhung Neubauer rät, will der Wirt in Rücksicht auf seine nahe Bekanntschaft mit dem verstorbenen Vater des Delinquenten nichts wissen. Bei der Überlegung, wie die Klage zu begründen ist, glaubt Neubauer mit einem bloßen Bereicherungsanspruch so gut wie nichts zu erreichen, denn bereichert ist Windhausen doch wohl nur um die 60 Pfg., mit denen er sonst sein Abendessen zu bestreiten pflegt. Mit unerlaubter Handlung (§§ 823, 828 II) fürchtet Neubauer nur die Selbstkosten des Wirts, die dieser auf 11 RM beziffert, erstreiten zu können. § 829, dessen analoge Anwendung Neubauer sehr bedenklich ist, kann zu keinem besseren Ergebnis führen als § 823. Schließlich verfällt Neubauer auf § 819: Windhausen hat, als ihm die bestellten Speisen und Getränke vorgesetzt wurden, gewußt, daß sein Vormund diese Schlemmerei nie genehmigen würde, hat also den Wert der unberührten Mahlzeit zu ersetzen, der dem Rechnungsbetrag entspricht, weil die in der dargebotenen Weise servierten Genüsse nirgends billiger zu bekommen sind. — Neubauer gerät aber wieder in neue Zweifel, als er in JW 1917, 465 eine Reichsgerichtsentscheidung findet, welche die Anwendung des § 819 auf solchen Fall ablehnt: sie führe dazu, dem Minderjährigen den Schutz gegen nachteilige Verpflichtungen wieder zu entziehen.

Wie sind Neubauers Überlegungen zu würdigen und seine Zweifel zu lösen?

115. Die 20jährige Schauspielerin Eva Reiz hat beim Goldschmied Hansen Juwelen zum Preise von 800 RM gekauft. Immer wieder wird sie auf Zahlung gedrängt, ohne zu antworten. Schließlich — inzwischen ist sie volljährig geworden — erscheint sie bei Hansen, entschuldigt sich wegen der unterbliebenen Zahlung und verspricht Zahlung in Monatsraten von 100 RM. Als sie aus Hansens Laden herauskommt, trifft sie den ihr befreundeten Rechtskandidaten Stille, erzählt ihm von ihrer Unterredung mit Hansen und meint, so habe sie wenigstens Frist gewonnen, wie sie die Raten aufbringen solle, sei ihr völlig schleierhaft. Sie habe den ganzen Juwelenkauf schon oft bereut. Stille macht ihr Vorwürfe, daß sie ihn nicht vorher um Rat gefragt habe, sie hätte die von ihr als Minderjährige gekauften Juwelen jederzeit zurückgeben können. Eva Reiz erklärt, davon habe sie keine Ahnung gehabt. Stille geht mit ihr noch einmal zu Hansen und setzt diesem auseinander, Fräulein Reiz habe in Unkenntnis ihrer Rechtslage den als Minderjährige geschlossenen Kaufvertrag bestätigt und fechte diese Bestätigung wegen Irrtums an. Hansen will sich auf nichts einlassen, aus welchem Grunde Fräulein Reiz ihre Erklärungen abgegeben habe, gehe ihn nichts an.

Kann Stille auf diesem oder einem anderen Wege seiner Klientin helfen? (OLG 39, 122.)

116. Der Autohändler Benz hat dem Abiturienten Krebs einen gebrauchten Kleinwagen am 15. April sehr billig verkauft, und zwar soll der Wagen, der erst noch überholt werden muß, am 1. Mai gegen bare 800 RM geliefert werden. Am 25. April sieht der Rechtskonsulent Schläuer den inzwischen fertiggestellten Wagen und findet nach einer Probefahrt solchen Gefallen daran, daß er 900 RM bietet. Benz will auf dies Gebot nur eingehen, wenn er keine Ersatzforderung von Krebs zu besorgen hat. Schläuer erklärt, dafür wolle er schon sorgen und veranlaßt Benz, dem Krebs zu schreiben, daß er wegen dessen Minderjährigkeit vom Vertrage zurücktrete.

Krebs hat Schläuer auf der Probefahrt mit dem Wagen gesehen und antwortet; den Rücktritt könne er nicht gelten lassen: offenbar sei er nicht wegen seiner Minderjährigkeit, sondern wegen eines besseren Gebotes erklärt. Außerdem habe Benz gewußt, daß er (Krebs) noch nicht volljährig sei. Beim Kauf habe er Benz erzählt, daß er die 800 RM von einer Tante für sein vorzügliches Abitur geschenkt bekommen habe und Benz sein Sparkassenbuch darüber gezeigt. Diesen Brief zeigt Krebs vor Absendung seinem Vater, der erst jetzt von dem Geschenk der Tante und dem Ankauf des Wagens hört, nach einigem Grollen aber mit allem einverstanden ist. In einer Nachschrift genehmigt Vater Krebs den Kaufvertrag seines Sohnes, und so geht der Brief Benz zu.

Wie ist zu entscheiden? Wen trifft die Beweislast in der Frage, ob Benz die Minderjährigkeit von Krebs gekannt hat? Benz fragt seinen Anwalt, ob er wohl einen ihm zugeschobenen Eid, daß er die Minderjährigkeit nicht gekannt habe, leisten könne. In Wahrheit habe er sich über das Alter von Krebs nicht den Kopf zerbrochen, nachdem er das Sparkassenbuch gesehen habe. Das Abitur werde oft genug doch auch von reifen Männern nachgeholt. Wozu wird der Anwalt raten?

117. Die bei dem Pastor Nebel bedienstete 16jährige Dienstmagd Frieda Frechmann verläßt wegen Verweigerung der Erlaubnis, an einem Tanzvergnügen teilzunehmen, ohne Kündigung den Dienst und vermietet sich, ohne ihren sehr altmodischen, strengen Vater zu fragen, als Kellnerin im Varieté Elysium gegen einen Wochenlohn von 5 RM, Trinkgelder, freie Wohnung und Verpflegung. Der Vater holt sie nach einer Woche, sobald er davon erfährt, in sein Haus zurück.

Pastor Nebel verlangt jetzt 10 RM Schadenersatz, weil er eine soviel teuerere Aushilfe hat nehmen müssen und 3 RM für zerbrochenes Geschirr.

Der Wirt des Elysiums beansprucht folgende Beträge: 3 RM für zerbrochene Gläser, 2 RM weil Frieda eine Flasche Wein um soviel zu niedrig verkauft hat, 6 RM, die er selbst einem Gaste hat zahlen müssen, weil sie diesem ein Glas Rotwein über den neuen hellen Sommeranzug gegossen hat, 10 RM für eine soviel teuerere Aushilfe.

Welche Beträge muß Frieda Frechmann zahlen?

118. Die 15jährige Meta Fleck tritt mit Ermächtigung ihres Vaters bei dem Bauern Kluthe in Dienst. Nach einem Wortwechsel wird sie entlassen. Sie behauptet, ohne jeden Grund. Kluthe sagt, sie selbst habe gekündigt. In einer Klage fordert Meta Fleck von Kluthe ihren Lohn und Kostgeld bis zum Ablauf der ordnungsmäßigen Kündigungsfrist.

Konnte Meta Fleck ohne Zustimmung ihres Vaters kündigen?

Kann sie den Prozeß selbst führen, oder muß sie sich durch ihren Vater vertreten lassen? (ZPO § 52.) Kluthe schiebt ihr darüber, daß sie selbst gekündigt hat, einen Eid zu. Kommt sie selbst zum Schwur (ZPO § 393 Nr. 1?) oder ihr Vater? (ZPO § 449.)

119. Der Bürogehilfe Ruppstein ist wegen Trunksucht entmündigt. Als ihm eines Tages der Wirt seines Stammlokals die Verabfolgung weiterer Getränke auf Kredit verweigert, fängt er, durch den Alkoholgenuß animiert, an, zu randalieren und zerschlägt eine Reihe von Gläsern, die den Wirt selbst 4 RM kosten. Ruppsteins Vormund lehnt die Bezahlung ab, er habe seinem Mündel, der zu solchen Exzessen neige, schon wiederholt den Wirtshausbesuch untersagt, wie der Wirt genau wisse. Der Wirt erklärt, er sei kein Handlanger des Vormundes. Solange Ruppstein bar bezahle und sich — wie meistens — ruhig verhalte, sei er ihm als Gast willkommen.

Wer hat recht? Muß der Vormund die 4 RM bezahlen? Kann er die Beträge von Zechen, die Ruppstein aus dem ihm belassenen geringen Taschengelde oder aus einem kleinen, dem Vormunde unbekannten Nebenverdienste für gelegentliche Schreibarbeiten berichtigt hat, vom Wirt verlangen?

120. Der Techniker Klügel ist durch amtsgerichtlichen Beschluß wegen Verschwendung entmündigt, weil er Frau und Kinder nahezu hungern läßt und fast alle Einkünfte und Ersparnisse für Experimente verausgabt, deren Ziel der als Sachverständiger zugezogene Hochschullehrer Diekmann als aussichtslose Utopie bezeichnet. Klügel, der den Agenten Schnell zum Vormunde bekommen hat, ficht den Beschluß des Amtsgerichts im Wege der Klage (ZPO § 664) an. Nachdem der Privatdozent Mager den Nachweis geführt hat, daß Klügels Ideen der Wissenschaft und der Technik Neuland weisen und ihren Urheber in kurzem zum reichen Manne machen müssen, wird die Entmündigung aufgehoben. Inzwischen hat Schnell als Vormund, durch Diekmanns Gutachten von der Wertlosigkeit aller Patente Klügels überzeugt, um schleunigst Geld für Klügels Familie zu schaffen, diese Patente für 5000 RM an den Ingenieur Plietsch verkauft, während Klügel unter Verschweigung seiner Entmündigung dieselben Werte einer Aktiengesellschaft gegen eine einmalige Abfindung von 100 000 RM und Zusicherung einer hochdotierten Anstellung, die ihm die Kontrolle über die weitere Auswertung seiner Ideen sichert, verkauft.

Wie ist der so entstandene Konflikt nach BGB § 115 zu lösen? Gilt für Plietsch und die Aktiengesellschaft der Satz: „Prior tempore, potior iure?“

Zweiter Titel.

Willenserklärung.

Allgemeines.

121. Der Hofpächter Pampel hat auf Drängen seines Gläubigers Glahn, dem er 800 RM schuldet, mit ihm folgenden notariellen Vertrag geschlossen: Pampel überträgt das Eigentum an seinem Gespann Ackerpferde (nach § 930) in der Weise auf Glahn, daß Glahn ihm die Pferde bis auf weiteres leiht. Glahn darf die Leihe nur dann kündigen, wenn Pampel mit der Verzinsung und Amortisation seiner Schuld in Verzug kommt. Glahn verpflichtet sich, das Eigentum an den Pferden an Pampel zurückzuübertragen, sobald Pampel seine Schuld nebst Zinsen beglichen hat. Als der Verpächter Hoff, bei dem Pampel mit der Pacht im Rückstande ist, von diesem Vertrage hört, klagt er gegen Glahn auf Feststellung, daß sein Verpächterpfandrecht (§§ 581 II, 559 f.) dieser Sicherungsübereignung vorgehe. Der Prozeß gelangt zur Verhandlung vor dem Gerichtsassessor Neumann, der gerade an einer Dissertation über den Inhalt des von der Willenstheorie für Rechtsgeschäfte geforderten Willens arbeitet. Er hat die Ansicht gewonnen, daß der in der Erklärung bezeichnete Rechtserfolg von dem Erklärenden gewollt sein muß. Von dieser Auffassung aus fragt Neumann den als Zeugen über die Sicherungsübereignung, die Hoff als Scheingeschäft bezeichnet hatte, erschienenen Pampel, ob er beim Vertragsschluß die Absicht gehabt habe, Glahn zum Eigentümer seiner Pferde zu machen. Pampel antwortet: „Ich wollte die Pferde an Glahn weder verschenken noch verkaufen, Glahn drängte auf Sicherstellung, da bin ich mit ihm zum Notar gegangen und habe den Vertrag unterschrieben. Ich habe mich auf den Notar verlassen, der das Protokoll so schnell vorlas, daß ich aus den Einzelheiten nicht klug geworden bin."

Ist der Vertrag wirksam? Was kann Neumann aus dieser Vernehmung für seine Dissertation lernen?

Geheimer Vorbehalt, Scherz und Schein (§§ 116—118).

122. An einem Stammtisch im Seebade Laboe bei Kiel wird darüber gestritten, zu welchem Preise man heute ein gebrauchtes Fahrrad kaufen könne. Der Kellner Zubringer mischt sich in die Unterhaltung und erzählt, er suche ein solches Rad. Darauf erklärt der als Witzbold bekannte Lotse Ahlgriem, er habe ein altes Rad zuhause, und als Zubringer fragt, ob es auch Freilauf habe, ja, frei laufen könne es auch. Man wird auf 10 RM handelseins, die Zubringer sofort bezahlt. Ahlgriem schickt in seine Wohnung und der Bote kommt zum Jubel des Stammtisches mit einem alten Wagenrade zurück.

Zubringer, der sich nicht so hineinlegen lassen will, bittet den ihm bekannten stud. jur. Denker um Rechtsrat. Nach längerem Überlegen meint Denker, ob Ahlgriem an den Kaufvertrag gebunden sei, sei ihm sehr zweifelhaft, denn der Stammtisch habe doch wohl gleich gemerkt, daß Ahlgriem irgendeinen Witz machen wollte. Aber selbst bei Annahme, daß ein Kaufvertrag zustande gekommen sei, gebe es doch keine Möglichkeit, die Haftung daraus zu verwirklichen: Ahlgriem habe gar kein Fahrrad zu verkaufen gehabt, also eine nicht existierende Sache (§ 306) verkauft. Zubringer müsse froh sein, wenn er seine inzwischen wahrscheinlich vertrunkenen 10 RM wiederbekomme. Wie ist zu entscheiden?

123. Der Student der Rechte Frisch kommt in das S/S in Göttingen mit einem Überzieher allerneuester Mode. Sein in der Kleidung geflissentlich salopper Kommilitone Frosch mustert bewundernd das neue Kleidungsstück und sagt: „Wenn ich am nächsten Sonntag mittag einmal in diesem Mantel über die Weender Straße gehen darf, zahle ich dir 50 Mark.“ „Angenommen!“ antwortet Frisch und als Frosch seine Offerte als nur scherzhaft gemeint hinstellt, erklärt Frisch, Mentalreservationen seien, wie schon nach römischem und kanonischem Rechte, auch nach BGB unbeachtlich, er bestehe auf dem Vertrage.

Würde Frisch mit einer Klage Erfolg haben?

124. Der verstorbene Berliner Rechtslehrer Rubo ließ 1893 in seinem handelsrechtlichen Praktikum die Teilnehmer Wechselformulare ausfüllen, die sie mit ihrem Namen zu unterzeichnen hatten. Die Formulare trugen den roten Quervermerk: „Ungültig, nur zur Belehrung ausgestellt", den Rubo damit begründete, er habe einmal einen im Praktikum auf einem gewöhnlichen Wechselformular ausgestellten Wechsel, den er akzeptiert hatte, einlösen müssen.

Wäre ein solcher Schutzvermerk auch heute noch geboten? (Vgl. § 405.)

125. Der Geh. Reg.-Rat Gudewill, ein alter Junggeselle, der in drei Jahren die Altersgrenze erreicht, hört eines Tages, daß die 22jährige verkrüppelte Tochter seiner Jugendliebe vor dem Verhungern steht. Da er infolge eines ernsten Leidens mit seinem baldigen Ableben rechnet und auch über seinen Tod hinaus für sie sorgen möchte, sein eigenes Vermögen aber durch die Inflation verloren hat, möchte er ihr die seiner Witwe zustehende Versorgung verschaffen. Er stellt fest, daß nach den maßgebenden preußischen Bestimmungen (Ges. v. 20. Mai 1882 § 13) „keinen Anspruch auf Witwengeld die Witwe hat, wenn die Ehe mit dem verstorbenen Beamten innerhalb dreier Monate vor seinem Ableben geschlossen und die Eheschließung zu dem Zwecke erfolgt ist, um der Witwe den Bezug des Witwengeldes zu verschaffen". Im Vertrauen auf diese Regelung schließt er mit seinem Schützling, um seine Verheiratung nicht bekannt werden zu lassen, im Auslande eine formgültige Ehe (Art. 11 EGzBGB), von der niemand etwas erfährt. Beide „Ehegatten" haben sich nach der Eheschließung nie wieder gesehen. — Nach zwei Jahren stirbt Gudewill. Die für die Festsetzung der Witwenpension zuständige Behörde weigert die Anerkennung dieser „Scheinehe". Ist der Witwe zur Beschreitung des — an sich zulässigen — Rechtsweges zu raten? Hat die Witwe als solche erbrechtliche Ansprüche nach § 1931 ff. BGB?

126. Der cand. med. Bierling ist zum Offenbarungseid (ZPO § 899 ff.) geladen und fürchtet, wenn er die vom Vater ererbte wertvolle goldene Uhr im Vermögensverzeichnis (ZPO § 807) aufführt, diese einzubüßen. Infolgedessen dediziert er die Uhr seinem Leibfuchsen Weinbrecht mit der Abrede, daß dieser sie Bierling zurückdediziert, sobald die Gefahr vorüber ist. Wie hat ein korrektes Vermögensverzeichnis Bierlings hinsichtlich der Uhr zu lauten? Kann Bierlings Gläubiger auf Grund des BGB irgendwie an die Uhr herankommen? Nach dem Ges. betr. die Anfechtungen von Rechtshandlungen eines Schuldners außerhalb des Konkurses v. 21. Juli 1875? Könnte Bierling, wenn es gelungen ist, die Uhr dem Zugriff des Gläubigers zu entziehen, gegen Weinbrecht, der sich von der Uhr nicht trennen mag, auf Rückdedikation klagen? Mit welcher Begründung? Beachte auch § 138 I!

127. Der Gastwirt Hapke in Göttingen, bei dem mehrere studentische Korporationen verkehren, deren Mitglieder bei ihm stark verschuldet sind, möchte zu seinem Gelde kommen, ohne die beteiligten Korporationen zu verlieren. Er beauftragt infolgedessen den Rechtskonsulenten Dränger mit Einkassieren der Forderung, erteilt ihm aber den Schuldnern gegenüber keine Inkassovollmacht, sondern stellt Dränger Zessionsurkunden aus, nach denen diese Forderungen an Dränger verkauft und abgetreten sind. Ein bei Hapke verschuldeter Göttinger Haussohn, der die kümmerlichen pekuniären Verhältnisse von Dränger kennt, bestreitet, von Dränger belangt, dessen Aktivlegitimation. Die Abtretung sei simuliert und daher nichtig. Wie wird das Gericht in dieser Frage entscheiden?

Irrtum, Anfechtung, Auslegung (§§ 119—122, 133, 142, 143).

128. Aus Wassermann, Wahnschaffe (Bd. I S. 11): „Einmal war Crammon auf einem Gute in Ungarn als Gast. Von einem Gelage in einer nahegelegenen Stadt im Morgengrauen heimkehrend, geriet er auf den Viehmarkt und hörte, wie ein Stier zum Verkauf ausgeboten wurde. „50 Kronen zum ersten!“ rief der Auktionator und die Bauern schwiegen und überlegten. 50 Kronen für einen ganzen Stier? Nicht übel, dachte Crammon in seiner Halbbetrunkenheit und bot sogleich 5 Kronen mehr. Die Bauern machten ihm respektvoll Platz, einer schlug noch um 1 Krone auf, er überbot um 2 Kronen, zum ersten, zum zweiten, zum dritten, niemand bot höher, der Stier wurde Crammon zugesprochen. Als es ans Zahlen ging, erfuhr er, daß die 58 Kronen der Preis für den Zentner war und da das Tier 12½ Zentner wog, sollte er 725 Kronen hinterlegen. Er weigerte sich und schimpfte, es entstand ein Geschrei, kein Einspruch half, der Stier war sein Eigentum. Da er nicht Geld genug bei sich hatte, mußte er einen Knecht mieten, der ihn mit dem erhandelten Vieh auf das Gut begleitete. Der Gutsherr, sein Gastfreund, half ihm aus der Verlegenheit und kaufte ihm den Stier ab, wurde aber vor Lachen über die Geschichte beinahe krank."

Wäre Crammon nach BGB an sein Gebot gebunden?

129. „Der deutsch-amerikanische Richter Staring bestrafte einst einen Yankee, weil dieser sich gegen das Sonntagsgesetz vergangen hatte. Der Yankee zahlte die Strafe und forderte eine Empfangsbescheinigung, damit er sich gehörig ausweisen könne. Der Richter, der nicht gut schreiben konnte, forderte den Gebüßten auf, das Dokument zu schreiben und unterzeichnete es, ohne vorher seinen Inhalt geprüft zu haben. Wie erstaunte aber der brave Staring, als er nach einigen Wochen im Laden des Ortes um Zahlung von 25 Dollars angegangen wurde, für die er Anweisung auf den Kaufmann gegeben habe. Der Yankee war über alle Berge und hatte statt der Quittung diese Anweisung geschrieben." (Juristischer Humor, gesammelt und herausgegeben von E. O. Hopp, Berlin ca. 1891.) Beachte auch ZPO § 416.

Hätte Staring nach deutschem Rechte zahlen müssen?

130. Der Kaufmann Hurtig erhält seinen Steuerbescheid, der genau seiner Steuererklärung (RAbgO § 168) entspricht und entdeckt zu seinem Schrecken, daß er in seiner Erklärung eine sehr hoch verzinsliche Schuld von 10 000 RM übersehen hat. Er ficht unverzüglich die Erklärung wegen Irrtums an. Zulässig? (Recht, 1923. Nr. 121, RFH 10, 151.)

131. Der Magistrat der Stadt Göttingen vergab 1900 den Neubau eines Hauses auf Grund genauer Pläne an den Mindestfordernden. Die Ausführung der in einem Lose zusammengefaßten „Maurerarbeiten" wurde dem Maurermeister M., die „Zimmerarbeiten" dem Zimmermeister Z. als den Mindestfordernden übertragen. Als der Bau eine gewisse Höhe erreicht hatte, wurde polizeilich die zur Vermeidung von Unfällen vorgeschriebene Anbringung provisorischer Fußböden gefordert, deren Herstellung die Stadt von M. und Z. klagend verlangte. M. und Z. gaben zu, daß ihnen die einschlägige Vorschrift bei Vergebung der Arbeiten bekannt gewesen sei, traten aber jeder den Nachweis an, daß M. diese Arbeiten für Zimmerarbeiten, Z. sie für Maurerarbeiten gehalten, und daß sie bei ihrer Kalkulation diesen Kostenaufwand von 500 M außer Betracht gelassen hatten. Hätten sie diese 500 M mit veranschlagt, wären sie nicht Mindestfordernde geworden und hätten den Zuschlag nicht erhalten. Der vom Gericht vernommene Sachverständige erklärte die Arbeit zuverlässig als zu den Maurerarbeiten gehörig. Wie war zu entscheiden? Konnte M. auf Grund dieser Aussage seine Offerte anfechten? Auch noch in der Berufungsinstanz? Auch nach rechtskräftiger Verurteilung? Auch gegenüber dem Gegenanwalt? Auch in einem vorbereitenden Schriftsatz? War zur Wahrung der Anfechtungsfrist eine Eventualanfechtung (was heißt das?) geboten? In welchem Prozeßstadium?

132. Aus BZ am Mittag, v. 24. Mai 1932:

„Im Vorprogramm des Kinos die Reklame einer Autofahrschule. Ein Herr flüstert seiner ihm unbekannten Nachbarin zu: „Auf meinem Mercedes lehre ich es Sie gratis." „Danke. Was wollen Sie eigentlich von mir?" „Eine Frau, die aussieht wie Sie, muß fahren können." „Wie muß man dazu aussehen?" „Hübsch, fesch, rassig, verführerisch." „Darauf scheint es Ihnen hauptsächlich anzukommen." „Mir genügt es, Ihre Hand am Steuer zu führen."

„Sehen Sie da!“ ruft sie und weist auf die Leinwand, wo eben ein prachtvolles Schlafzimmer angepriesen wird, „das könnte mir schon eher gefallen.“ „Wenn Sie in meinem Mercedes verunglücken, lege ich Sie in dies Schlafzimmer und pflege Sie.“ „Danke, ich möchte es gesund genießen.“ „Gemacht! Das Nähere besprechen wir nach dem Kino bei einem Glase Wein.“

Sie aßen, sie tranken. Dann brachte er sie bis zu ihrer Tür, und am nächsten Nachmittag fuhr ein Möbelwagen mit dem Schlafzimmer vor ihr Haus. Eine Stunde später hatte er eine Rohrpost: „Lieber Freund! Wie sollen wir Ihnen danken? Jetzt, wo wir das Schlafzimmer haben, können wir heiraten. Gruß von meinem Bräutigam und Ihrer Ilse K.“

Der enttäuschte Mercedes-Mann verlangte daraufhin das Schlafzimmer zurück. Muß sie es herausgeben? — Dr. A. L.“

133. Zeitungsnachricht: Eine junge Frau, die auf dem Rade das nördliche Schottland bereiste, suchte in einem kleinen Dorfladen einen Ersatz für ihre zerrissene Kneiferkette. Der Krämer hatte nur eine alte Halskette mit schwarzen Kugeln auf Lager, die die Radfahrerin, grollend über den hohen Preis von 12 sh, kaufte. In ihrer Heimat zeigte sie die Kette einem Antikenhändler, der die Kugeln als schwarze Perlen erkannte und sie ihr für 6000 Pfund abkaufte, um sie an ein Museum für 16 000 Pfund weiter zu verkaufen. Dort hatte man nämlich die Kette als das seit 300 Jahren verschollene Halsband der Maria Stuart erkannt, das diese bei ihrer Hinrichtung trug.

Rechte des Dorfkrämers und der Radfahrerin nach BGB?

134. Dröge kauft von Lips ein Fuhrgeschäft mit Haus und Hofraum zum Preise von 40 000 RM. Bei der Auflassung wird der Kaufpreis für das Haus auf 30 000 RM angegeben, 10 000 RM werden auf Pferde, Wagen und Kundschaft verrechnet. Drei Monate nach Übergabe entdeckt Dröge Schwamm im Hause und begehrt Auskunft über die ihm damit zustehenden Rechte mit dem Bemerken, daß er am liebsten von dem ganzen Geschäft freikomme. Das Fuhrgeschäft habe sich längst nicht so gut entwickelt, wie er gehofft habe. Lips habe ihn böse hineingelegt, die Spuren einer erst kürzlich vorgenommenen Schwammreparatur ließen erkennen, daß Lips um den Schwamm gewußt habe. — Welche Rechte hat Dröge nach §§ 459 ff.? Kann Dröge den Kaufvertrag wegen Irrtums oder arglistiger Täuschung anfechten? (Vgl. RG 135, 340.) Ist eine Anfechtung auch der Auflassung möglich (vgl. RG 66, 390) und zweckmäßig?

135. Der Rechtskandidat Fröhlich erhält eines Tages die Nachricht, daß er alleiniger gesetzlicher Erbe seines in dürftigster Lebenshaltung vegetierenden weitläufigen Onkels Karger geworden ist. Um sich in seinen Examensarbeiten nicht stören zu lassen, erklärt er dem Nachlaßgericht in beglaubigter Form (§ 1945), daß er die Erbschaft, von der er höchstens Schulden erwartet, ausschlage. Nachträglich erfährt er, daß Karger zeitlebens Goldmünzen gehortet und so ein nicht unbeträchtliches Vermögen hinterlassen hat. Fröhlich möchte jetzt seine Ausschlagung wegen Irrtums anfechten, weiß aber nicht recht, ob er seinen Irrtum als bloßen Motivirrtum oder als Irrtum über die Persönlichkeit seines Onkels und über die wesentlichste Eigenschaft einer Erbschaft zu rubrizieren hat. Wie ist es damit? Vor allem aber: sonstige Bedenken? (§§ 1954 ff.)

136. Der junge Kaufmann Tüchtig wohnt bei der Witwe Bolte als möblierter Zimmerherr. Als diese merkt, daß sich Tüchtig mehr und mehr für ihre heiratsfähige Tochter interessiert, lädt sie ihn regelmäßig zum Abendessen und schließlich auch mittags ein. Als aber Tüchtig sich nach einem Jahre anderweit verlobt, ficht sie ihre Einladungen wegen Irrtums an und verlangt Bezahlung aller Mahlzeiten, mindestens aus dem letzten Vierteljahr, in dem Tüchtig, wie er zugibt, schon heimlich verlobt war. Mit Recht?

137. Die stud. med. Naumann und Niemann, einstige Mitschüler, treffen sich zu Semesterbeginn und unerwartet in einer Wirtschaft und machen eine Zeche, die ihre Barschaft erheblich überschreitet. Sie beichten dem Wirt ihre Verlegenheit, und als der Wirt „irgendwelche Sicherung dafür, daß Sie wiederkommen“ verlangt, läßt Naumann seine silberne Zigarettendose, Niemann sein Testierheft zurück. Pfandrecht oder Zurückbehaltungsrecht? Beide erklären, daß sie auf keinen Fall dem Wirt das Recht zum Verkauf hätten einräumen wollen. Irrtum?

138. Der Rittergutsbesitzer Heyde verkauft an den Landwirt Mohr sein Rittergut mit Ausschluß einer Moorparzelle von 10 ha, die Heyde schon vor zwei Jahren seinem Nachbarn Driemeyer käuflich überlassen hat, deren Auflassung aber bisher unterblieben ist. Bei Auflassung des Rittergutes an Mohr wird in dem gerichtlichen Protokoll versehentlich das ganze Gut als Auflassungsobjekt genannt, was beiden Parteien entgeht. Infolgedessen wird Mohr als Eigentümer auch der Moorparzelle eingetragen. Als Driemeyer davon erfährt, wendet er sich an Heyde, der ihm seine Rechte auf Rückforderung dieser Parzelle abtritt. Das von Driemeyer angerufene Landgericht erblickt in dieser Zession auch eine Abtretung des Anspruchs auf Berichtigung des Grundbuchs und verurteilt Mohr, zu bewilligen, daß Heyde wieder als Eigentümer der Parzelle eingetragen wird. Mohr rechtfertigt seine dagegen eingelegte Berufung mit dem Hinweis, daß die Auflassungserklärung, die sich (wenn auch in beiderseitigem Irrtum) auf das gesamte Rittergut bezog, mangels rechtzeitiger Anfechtung (§§ 119, 121) wirksam bleibe und ein Berichtigungsanspruch somit nicht gegeben sei. — Entscheidung? (RG in DJZ 1907, 770, vgl. auch RG 58, 233.)

139. Ein Versandhaus vertreibt u. a. Füllfederhalter. In den „Allgemeinen Kaufbedingungen“ findet sich der Passus: „Bemängelungen der Ware müssen drei Tage nach Empfang erfolgen. Spätere Beanstandungen sind ausgeschlossen.“ — Ist, wenn ein Mangel erst nach einer Woche hervortritt, noch eine Anfechtung wegen Irrtums zulässig? (Vgl. RG

b. Gruch. 54, 145.) Kann auf eine Irrtumsanfechtung im voraus verzichtet werden?

140. Der Rechtskandidat Freudenthal will für seinen Kommilitonen Goltermann eine Bürgschaft von 50 RM übernehmen. Die Bürgschaftsurkunde (§ 766) wird inter pocula ausgestellt, und Freudenthal, der sich durch Gespräche über die mutmaßliche Schuldenlast Goltermanns ablenken läßt, stellt sie versehentlich auf 500 RM aus. Goltermann bringt die Urkunde, ohne sie zu lesen, sofort zur Absendung an seinen Gläubiger Fressel. Als Fressel bald darauf von Freudenthal 500 RM verlangt, protestiert dieser entrüstet und im Prozeß gelingt ihm der Nachweis seines Verschreibens. Fressel ermäßigt seinen Klaganspruch demgemäß auf 50 RM, aber Freudenthal weigert jetzt die Zahlung, weil die Bürgschaft durch Anfechtung nichtig geworden sei. — Entscheidung?

141. Jemand zeigt bei nächtlicher Einfahrt in einen Hafen beim Abbrennen eines Feuerwerks in Abständen von 15 Minuten Blaufeuer, ohne zu wissen, daß dies nach der Lotsensignalverordnung vom 7. Februar 1907 das vorschriftsmäßige Signal um einen Lotsen ist. Wirksame Offerte?

Steht dieser Fall dem von Hermann Isay (Willenserklärung im Tatbestande des Rechtsgeschäfts, 1899, S. 25) erwähnten Falle gleich: Bei gewissen Weinversteigerungen, wo die Kauflustigen an langen Tischen sitzen, geschieht üblicherweise das Höherbieten immer um je 100 M und einfach dadurch, daß der Bietende seine Hand erhebt, was der Ausrufer durch Nennung der höheren Summe registriert. A. erhebt die Hand, um einen Freund herbeizuwinken, und der Ausrufer schlägt zu dem erhöhten Preise zu.

142. Der Kaufmann Schmöker vergibt die für den Neubau seines Geschäftshauses erforderlichen Lieferungen in Einzellosen an den Mindestfordernden. Der Holzhändler Holtgreve macht Offerten auf 4 Lose, begeht dabei aber einen Kalkulationsirrtum, der in einer der folgenden Arten zustandekommt.

1. Die Offerten auf die 4 Lose sind gesondert berechnet. In einem Schlußpassus wurden die 4 Lose abschließend zusammengefaßt, und hierbei wird die Gesamtforderung durch einen Additionsfehler zu niedrig.

2. Die Offerte auf 1 Los für Täfelungsmaterial wird zu niedrig, weil Holtgreve gegenüber dem Ausschreiben eine zu niedrige Quadratmeterzahl zugrunde legt.

3. Die Offerte auf dies Los wird zu niedrig, weil bei der Multiplikation der Quadratmeterzahl mit dem für den Quadratmeter ausgeworfenen Preise falsch gerechnet ist.

4. Die Offerte wird zu niedrig, weil einem Lieferanten Holtgreves in dessen Angebot ein Schreibfehler unterlaufen ist, wegen dessen dieser Lieferant mit Erfolg anficht.

5. Die Offerte wird zu niedrig, weil einem Angestellten Holtgreves bei Berechnung der zu täfelnden Flächen an der Hand der Bauzeichnungen ein Fehler unterlaufen ist.

Kann Holtgreve in den Fällen 1 bis 5 anfechten?

Wie steht es mit seiner Schadensersatzpflicht nach § 121, wenn Holtgreve lediglich infolge des Rechenfehlers Mindestbietender wurde und den Zuschlag erhielt? Wie mit der Schadensersatzpflicht von Holtgreves Lieferanten im 4. Falle? (Vgl. zum Kalkulationisrrtum RG 101, 108.) Kommt etwas darauf an, ob Schmöker den Kalkulationsirrtum Holtgreves erkannt hat oder doch erkennen konnte?

143. Die Witwe Vorrath schloß 1911 im Hinblick auf die bevorstehende Ehe ihrer Tochter Hedwig mit dem Agenten Alfons Fuchs mit dieser einen Ausstattungsvertrag (§ 1624) über eine Jahresrente von 4000 M, den Fuchs als Verlobter mit unterschrieb. Diesen Vertrag focht Frau Vorrath 1913 wegen Irrtums an, weil Fuchs, der mit seiner Frau in getrennten Gütern (§§ 1426 f., 1435) lebt, sich als ein „sittlich verkommener Mensch und damit als ein unwürdiges Mitglied ihrer angesehenen Familie“ entpuppt habe. Da ihre Tochter nicht zu bewegen sei, sich von ihrem Manne zu trennen, müsse sie als Mutter zur Anfechtung greifen. — Zulässig? (OLG 32, 12.)

144. Der Student Feine kauft in einem großen Schuhwarenladen ein Paar Schuhe, die er drei Tage später stolz seinen Freunden zeigt. Als er von einem sachkundigen Freunde darauf aufmerksam gemacht wird, daß es tschechische Schuhe sind, begibt er sich sofort zum Verkäufer und will den Kauf wegen Irrtums anfechten: er trage grundsätzlich nur deutsche Kleidung. Der Verkäufer weigert Zurücknahme der Schuhe. Er als Händler könne bei aller Kulanz unmöglich Schuhe zurücknehmen, die mehrere Tage bei Regenwetter getragen seien. Außerdem hätte Feine sich doch beim Kauf nach dem Herstellungsort erkundigen müssen. — Hat der Händler Recht? Wie hätte er bei Zulässigkeit der Anfechtung seinen Schaden zu berechnen?

145. Ist eine Irrtumsanfechtung in folgenden Fällen gegeben?

a) Ein Arbeitgeber entdeckt, daß sein Arbeitnehmer früher zur Separatistenpartei gehört hat. Kommt es auf die Art der Arbeit oder die öffentliche Stellung (Reichsfiskus: RAGArbRspr. 29, 44) des Arbeitgebers an?

b) Ein Vermieter erfährt, daß die bei ihm als Eheleute eingezogenen Mieter nicht verheiratet sind.

c) Die gleiche Entdeckung wie zu a und b macht ein Möbelhändler, der den Betreffenden Möbel auf Abzahlung verkauft hat.

146. Zeitungsnachricht: Im Winter 1932/33 bestellte die Küchenverwaltung des Reichswehrstabes der 3. Division in Berlin, um Abwechslung in den Küchenzettel zu bringen, bei einer Fischkonservengesellschaft in Pommern 17½ Kilo geräucherte Sprotten. Das Bestellschreiben war so abgefaßt, daß die gewünschte Menge als „17.500 Kilogramm“ bezeichnet war. Zum Entsetzen der Küchenverwaltung kamen alsbald 17 500 Kilo Sprotten an, die nicht weniger als zwei Eisenbahnwaggons restlos füllten, eine Menge, mit der man

140 000 Mann eine Abendbrotportion von $1/4$ Pfd. hätte verabreichen können. Die Unmöglichkeit einer so umfänglichen Bestellung hätte sich — wie die auf Zahlung vor dem Landgericht Berlin belangte Küchenverwaltung ausführte — die Pommersche Firma selbst sagen müssen. Der Punkt in der Zahl des Bestellschreibens sei kein Zähl- sondern ein Trennungsstrich gewesen. — Entscheidung?

147. a) A bestellt drahtlich 1000 Tonnen Heringe zu umgehender Lieferung. Die Ausfertigung des Telegramms lautet auf 10 000. Wer trägt den durch Absendung dieser Menge entstehenden Schaden? Die Telegraphenverwaltung haftet nach geltendem Rechte nicht.

b) Wer trägt den Schaden bei telephonischer Bestellung von 1000 Tonnen, die der Gegenkontrahent mit 10 000 versteht?

c) Wer trägt den Schaden, wenn ein Hörfehler der Stenotypistin des Bestellers aus 1000 10 000 macht und ihr Chef den diktierten Brief ungelesen unterzeichnet?

d) Wer trägt den Schaden, wenn der Bote des Bestellers — versehentlich oder arglistig — an Stelle von 1000 die Ziffer 10 000 mündlich ausrichtet?

e) Wer trägt den Schaden, wenn der Prokurist (HGB §§ 48 f.) des Kaufmanns von seinem Chef beauftragt wird, den Gesamtbezug der vorigen Saison zu bestellen und bei der Berechnung dieses Gesamtbezuges sich von 1000 auf 10 000 verrechnet? Macht es etwas aus, ob die Ziffer im Bestellschreiben mit den Worten eingeleitet wird: „Ich bitte um sofortige Übersendung der von Ihnen im Laufe der letzten Saison bezogenen Menge, nämlich . . . ?"

148. Vergleiche die Anfechtung nach KO §§ 29—42 und nach dem Ges. betr. die Anfechtung von Rechtshandlungen des Schuldners außerhalb des Konkursverfahrens v. 20. Mai 1898 mit der Anfechtung des BGB.

Täuschung und Drohung (§§ 123, 124).

149. Ein Möbelhändler hat 12 ganz verschiedene unmodern gewordene Stühle auf Lager, die trotz herabgesetzter Preise niemand kaufen will. Wiederholt hat er seinen Angestellten auseinandergesetzt, die Kunst des Verkäufers müsse sich gerade an solcher Ware bewähren. Schließlich gelingt der Verkäuferin Redecker das Unmögliche: einem ländlichen Brautpaar, das wegen der Möbelaussteuer den Laden betritt, schwatzt sie vor, moderne Herrschaften seien der gleichförmigen Stühle überdrüssig und kauften nur noch solche Kollektionen. Das Brautpaar fällt darauf hinein und kauft die Stühle. Können die Käufer, die von Besuchern bald aufgeklärt werden, Rücknahme der Stühle verlangen? Der Händler lehnt die Rücknahme ab. Die Ware sei durchaus fehlerfrei, die Verschiedenheit der Stühle offensichtlich gewesen. Die Äußerung der Redecker sei eine vage Anpreisung, besondere Eigenschaften des einzelnen Stuhles seien nicht zugesichert, sie habe dazu auch keine Vollmacht gehabt. Die vier Lederstühle seien verschrammt, ein Rohrstuhlsitz durchgetreten, einem Plüschstuhl auf dem Transport ein Bein abgebrochen, kaum ein Stuhl sei noch zum Verkauf geeignet. — Kann das Brautpaar mit Hilfe der §§ 459 f. etwas erreichen? Mit Anfechtung? Kann auch der junge Ehemann allein anfechten, wenn der Kauf von beiden Verlobten gemeinschaftlich abgeschlossen wurde? Wie steht es mit dem Eigentum an den Stühlen vor und nach Anfechtung?

150. Auf dem einsamen Heidehofe des Bauern Kluthe erscheint der Handlungsreisende Wimmer, um Maschinenöl zu verkaufen. Allen Überredungskünsten Wimmers gelingt es nicht, Kluthe zum Kauf zu veranlassen. Schließlich bittet Wimmer, ihm doch wenigstens zu bescheinigen, daß er den Hof besucht und sich redliche Mühe gegeben habe, sein Öl los zu werden. Kluthe unterzeichnet diese ihm vorgelegte Bescheinigung. Wenige Tage später geht Kluthe von der Firma des Reisenden ein Schreiben zu, wonach diese den Kauf einer bestimmten Menge Öl „bestätigt", und zwar eine Menge, die für Kinder und Kindeskinder Kluthes ausreicht. Kluthe protestiert entrüstet, muß aber, wegen des Kaufpreises verklagt, vor Gericht die Unterschrift auf einem der Klage entsprechenden Bestellschein der Firma zugeben:

Wimmer hat offenbar durch einen Taschenspielertrick dem Kluthe bei Unterschrift der Bescheinigung den Bestellschein untergeschoben. Muß Kluthe, wenn ihm der Nachweis dieses Tatbestandes, namentlich mit Hilfe von Wimmers Strafregister, gelingt, seine Unterschrift wegen arglistiger Täuschung anfechten, oder liegt auch ohnedem eine Bindung Kluthes an den Bestellschein nicht vor? Die Firma hat erst bei dieser Gelegenheit ihren Reisenden in wahrer Gestalt kennen gelernt.

151. Bei dem Pastor Würdig erscheint ein Bettler mit zerrissenen Stiefeln, der um ein Paar abgelegte Stiefel bittet. Würdig hat keine geeigneten Stiefel zur Verfügung, sagt aber dem Bettler, er möge zu dem in der Nähe wohnenden Schuhmachermeister Thiele gehen und sich auf seine (Würdigs) Kosten die Stiefel flicken lassen. Der Bettler erzählt bei Thiele, Würdig habe ihm erlaubt, sich auf Würdigs Kosten ein Paar neue Stiefel auszusuchen. Thiele ist mißtrauisch und schickt seinen Lehrling zu Würdig mit der Weisung, sich zu erkundigen, ob der Bettler die Wahrheit gesagt habe. Der Lehrling fragt Würdig, ob es mit den Stiefeln seine Richtigkeit habe, was Würdig bejaht. Thiele hat darauf keine Bedenken mehr, dem Bettler die gewählten Stiefel auszuhändigen, der damit verschwindet. Wer trägt den Schaden?

152. Ein Eisenhändler ist durch irrige Berechnung eines Angestellten bewogen worden, für Roheisen den hinter dem Marktpreise (10 RM) zurückbleibenden Preis von 8 RM zu fordern. Ein Käufer nutzt dies Versehen aus und kauft eine größere Menge. — Kann der Händler seine Offerte wegen Irrtums oder wegen arglistiger Täuschung anfechten? (OLG 4, 204.)

153. Einem Kettenraucher bietet ein befreundeter Arzt eine größere Menge von „vorzüglichen Havannazigarren" an, die ihm, dem Nichtraucher, von einem dankbaren Patienten geschenkt seien. Der Raucher kauft die Zigarren, muß aber nach einiger Zeit feststellen, daß sein Freund ihn belogen und ihm in Besorgnis um seine Gesundheit nikotinfreie Zigarren zu dem Preise verkauft hat, den er selbst für die Zigarren anlegen mußte. Empört ficht der Raucher den Kaufvertrag wegen arglistiger Täuschung an. Zulässig? Irrtumsanfechtung?

154. Der als außereheliche Vater in Anspruch genommene Dienstknecht Ziegenbein macht geltend, die Mündelmutter Grete Buhlert habe in der Empfängniszeit mit dem inzwischen nach Übersee ausgewanderten Landwirt Lösecke geschlechtlich verkehrt. Grete Buhlert leugnet beharrlich und erbietet sich zum Eide. Darauf erkennt Ziegenbein seine Vaterschaft in einer öffentlichen Urkunde (§ 1718) an. Zwei Monate später kehrt Lösecke zurück und gibt den Verkehr in der kritischen Zeit zu. Ziegenbein ficht nunmehr seine Erklärung wegen arglistiger Täuschung an. Der zur Entscheidung über die Zulässigkeit der Anfechtung berufene Richter schwankt: Ihre Zulassung gefährdet den gesetzgeberischen Zweck des § 1718, Ziegenbein konnte von der Mündelmutter nicht verlangen, daß sie ihm behilflich war, seine exceptio plurium zu beweisen, die ihre und des Kindes Interessen gefährdete. — Bei der Entscheidung sind die Gründe für und wider zu würdigen. (RG in JW 1924, 290 gegen RG 58, 348.)

155. Der deutsche Professor Harmsen hat sich in Rotterdam spät abends in eine einsame Straße verirrt und wird hier von einem athletischen Unbekannten angesprochen, der ihm eine goldene Uhr zum Verkauf anbietet, für die er in Anbetracht der schlechten Zeiten 20 Gulden haben müsse. Harmsen nimmt an, daß es sich um eine gestohlene Ware handelt und kauft die Uhr für den genannten Preis, um größeren Unannehmlichkeiten zu entgehen. Der Fremde entfernt sich mit dem Wunsche des Niewiedersehns. Im Hotel angekommen, entdeckt Harmsen zu seiner Enttäuschung, daß er für sein Geld eine Messinguhr im Werte von höchstens zwei Gulden erstanden hat. Welche Rechte würden dem Professor Harmsen nach deutschem Recht gegen seinen Vertragsgenossen zustehen? §§ 463, 460, 123, 138, 817?

156. Können die Folgen eines Irrtums oder einer arglistigen Täuschung durch Dritte vertraglich im voraus dem Gegenkontrahenten aufgebürdet werden? Vgl. Allgemeine Geschäftsbedingungen für den Verkehr mit der Deutschen Bank und Disconto-Gesellschaft § 11: „Für den Scheckverkehr gelten noch folgende Sonderbestimmungen: ... IV. Die Bank ist befugt, aber nicht verpflichtet, die Berechtigung des Einreichers des Schecks zu prüfen... VI. Alle Folgen und Nachteile des Abhandenkommens, der mißbräuchlichen Verwendung, der Fälschung und Verfälschung von Schecks ... trägt der Kontoinhaber. Die Bank haftet nur für nachgewiesenes Verschulden und nur in dem Maße als es im Verhältnis zu anderen Ursachen an der Entstehung des Schadens mitgewirkt hat." § 34: „Die Gefahr unrichtiger oder fälschlich mehrfacher Übermittlung von Erklärungen auf drahtlichem oder drahtlosem Wege oder durch Fernsprecher sowie die Gefahr unrichtiger Auslegung verstümmelter Telegramme zwischen der Bank und dem Kontoinhaber sowie nach auswärts oder an Dritte in seinem Auftrage oder Interesse trägt im Verhältnis zur Bank der Kontoinhaber. Telegraphische und telephonische Mitteilungen der Bank gelten vorbehaltlich brieflicher Bestätigung ..."

157. Dem Bedrohten wird die Feder in die Hand gezwungen und die Feder mit Gewalt zur Unterschrift geführt. (Rehbein, BGB 1, 142.) — Ist hier § 123 gegeben? Wessen Handschrift kommt zutage?

ALR I. 4, §§ 29, 31 bestimmen: „Den Wahnsinnigen gleich zu achten sind Personen, welche durch Schrecken, Furcht, Zorn oder andere heftige Leidenschaft in einen Zustand versetzt werden, worin sie ihrer Vernunft nicht mächtig waren. Äußerungen des Willens, wozu jemand durch physische Gewalt genötigt worden, haben keine verbindliche Kraft." — Gilt nach BGB das gleiche?

158. Der etwas ängstlich veranlagte Rentner Armknecht hat sich im Walde verirrt. Bei einbrechender Dunkelheit sieht er einen kräftig gebauten Mann durch die Büsche auf sich zukommen. In seiner Herzensangst tritt er, um Schlimmeres zu verhüten, auf ihn zu und dediziert ihm seine goldene Uhr, der sie erfreut entgegennimmt. Es stellt sich heraus, daß der Beschenkte der Organist Lämpel aus dem nächsten Dorfe ist, der gerade seine verlorene Uhr sucht und in diesem unerwarteten Geschenk eine Fügung des Himmels sieht. — Kann Armknecht nach § 123 seine Schenkung anfechten? Eigentum an der Uhr vor und nach Anfechtung?

Form der Rechtsgeschäfte (§§ 125—129).

159. Jemand erhält die gekaufte Ware mit einer Rechnung über einen wesentlich höheren Betrag als abgemacht. Er beachtet in seiner Freude über den Neuerwerb die Rechnung nicht und die Differenz stellt sich erst heraus, als er zwei Monate später auf Zahlung gedrängt wird. Qui tacet, consentire videtur?

160. Einem Gast, der in einem Hotel ein Zimmer nimmt, wird vom Portier ein langes Formular zur Unterzeichnung vorgelegt, das er ungelesen unterschreibt. Erst als ihm sein Koffer mit Inhalt aus seinem verschlossenen Zimmer von einem Fassadenkletterer gestohlen ist, erfährt er, daß in dem Formular eine kleine gedruckte Anmerkung sich befindet, in der der Gast auf alle Rechte aus § 701 verzichtet. Wenn er das Formular gelesen hätte, würde er mutmaßlich diesen Satz übersehen haben. — Rechtslage?

Hierdurch gewitzigt, streicht der Gast bei seiner nächsten Einkehr, als der Portier durch einen anderen Gast in Anspruch genommen ist, bei Unterzeichnung des Formulars diese Anmerkung aus, in der Hoffnung, die sich auch erfüllt, der Portier werde davon nichts merken. — Rechtslage bei nunmehrigem Gepäckverlust?

161. Ein vielbeschäftigter Notar fertigt eines Tages, weil das Kalenderblatt nicht rechtzeitig abgerissen ist, eine ganze Reihe von amtlichen Urkunden unter falschem Datum aus: Beurkundungen, darunter auch Testamente nach § 2231 Nr. 1 und Auflassungen nach § 925 (nach Landesrecht, besonders in Preußen, auch vor Notaren zulässig), ferner auch Beglaubigungen, zum Teil auch von Urkunden, die keinem Formzwang unterliegen. — Rechtsfolgen?

162. Darf bei gesetzlicher Schriftform (§§ 566, 780, 781, 2231 Nr. 2) ein gedrucktes Formular verwendet werden? Eine fremde lebende oder tote Sprache, die der Unterzeichner nicht versteht? Stenogramm? Genügt Unterschrift mit Bleistift? Tintenstift? oder mit Kreide auf einer Schiefertafel? Muß im Falle der §§ 780/81 der Gläubiger mit unterzeichnen? Unterzeichnung mit dem Decknamen eines Künstlers, Schriftstellers oder eines flüchtigen Verbrechers? mit bloßen Vornamen? Muß der Rufname oder gar sämtliche Vornamen beigefügt werden?

163. In einem englischen Roman wird erzählt, daß ein Kranker, der durch Schiffbruch auf eine einsame Insel geraten ist, sein Testament in der Weise errichtet, daß er dies mit einer Fischgräte in den Rücken eines jungen Mädchens eintätowiert, worauf er stirbt. Das Testament wird später dem englischen Gericht von der Dame mit tiefem Rückenausschnitt „vorgelegt". Würde dies Testament der Form des § 2231 Nr. 2 entsprechen?

164. In welchem Umfange ersetzt ein Faksimile-Stempel die eigenhändige Unterschrift

a) bei formfreien Geschäften? Wer trägt die Gefahr der mißbräuchlichen Verwendung eines solchen Stempels? einer geschickten Nachahmung?

b) bei gesetzlich oder durch Rechtsgeschäft bestimmter schriftlicher Form? Wie, wenn der Vermieter sieht, daß der Mieter den mehrjährigen Mietvertrag (§ 566) so unterstempelt und nicht widerspricht?

165. Ein Feuerwehrmann ist in Ausübung seines Berufes an beiden Händen schwer verletzt und so verbunden, daß er nicht schreiben kann. Wie kann er in diesem Zustande einen mehrjährigen Mietvertrag (§ 566) wirksam abschließen?

Dadurch, daß er den Halter in den Mund nimmt und so unterzeichnet? Bedarf solche Unterschrift als „Handzeichen" der Beglaubigung? Wie, wenn seine Frau in seinem Auftrage mit seinem Namen unterzeichnet?

166. In einem Wohnungs-Mietvertrage ist vereinbart, daß die Kündigung schriftlich erfolgen muß. Der Mieter kündigt mündlich, der Vermieter antwortet darauf: „Schön!" Später weigert der Vermieter sich, die Kündigung anzuerkennen. Sie hätte schriftlich erfolgen müssen und er sei doch nicht verpflichtet, seinen Mieter, der ebensogut lesen könne wie er, auf seinen Fehler aufmerksam zu machen. — Entscheidung?

167. Ein Beamter mietet ein Stockwerk für drei Jahre. Als er einen schriftlichen Mietvertrag gemäß § 566 abschließen will, meint der Vermieter, dessen Kosten könne man sich sparen. Er erkenne die dreijährige Miete auch so an. Aber schon nach Ablauf des ersten Jahres kündigt der Vermieter. — Zulässig?

Zugehen der Willenserklärung (§§ 130—132).

168. Ohrenarzt zum schwerhörigen Patienten: „Sie sind geheilt!"

Patient: „Wie?"

Arzt (lauter): „Sie sind geheilt, Sie können gehen!"

Patient: „Wie bitte?"

Arzt (schreiend): „Sie sind geheilt!"

Patient: „Ach so, was macht's?"

Arzt: „Zweihundert Mark."

Patient: „Dreihundert?"

Arzt: „Ja, dreihundert."

Der Patient zahlt die 300 RM und geht (strafrechtlicher Fall von H. Kantorowicz). Zeugin dieses Gesprächs ist die Stenotypistin des Arztes Ida Flüchtig. Als diese vom Arzt wegen Untüchtigkeit entlassen wird, geht sie aus Rache zum Patienten und gibt ihm das Stenogramm dieser Unterhaltung. Der Patient begehrt vom Rechtsanwalt Munter Rat, ob er auf Grund dieses Stenogramms, das Ida Flüchtig zu beeiden bereit ist, nicht 100 RM zurückverlangen kann. Der Rechtsrat ist zu erteilen, eine etwa mögliche Klage zu entwerfen.

169. Der Hausbesitzer Häuser ist schwer an Typhus erkrankt und liegt eine volle Woche in Fieberphantasien. Am zweiten Tage dieser Bewußtlosigkeit geht ihm die Wohnungskündigung eines Mieters zu, die Häuser, sobald er das Bewußtsein wiedererlangt hat, als verspätet zurückweist: der Mieter sei über die Krankheit genau im Bilde gewesen und habe gewußt, daß Häuser erst nach seiner Genesung die Kündigung wahrnehmen könne. — Kommt Häuser damit durch?

170. Liegt eine wirksame Kündigung der Wohnung vor, wenn der Mieter

a) auf Drängen seiner veränderungslustigen Frau einen Kündigungsbrief geschrieben hat, ihn aber zwecks reiflicher Überlegung noch einige Tage liegen lassen will und seine Frau den Brief nun meuchlings zur Post gibt?

b) den Kündigungsbrief durch seine Tochter dem Vermieter schickt, die Tochter den Brief aber verliert und nun die Kündigung mündlich bestellt — sei es richtig, sei es auf einen falschen Termin?

c) wenn der Vermieter in trüber Vorahnung des Inhalts die Annahme des Briefes verweigert? — Wie, wenn dem Mieter diese Zurückweisung sehr erwünscht ist, weil er inzwischen erfahren hat, daß die in Aussicht genommene Wohnung wider Erwarten nicht frei wird, während den Vermieter die Annahmeweigerung reut? Kann der Vermieter sich jetzt auf das „fingierte“ Zugehen berufen oder hat der Mieter die Wahl, ob er seine Kündigung aufrecht erhalten will oder nicht? (Vgl. RG in JW 1925, 938.)

171. Der Postbote, der, vom Dienst ermüdet, die vier Treppen des Adressaten scheut, gibt den Brief auf der Straße dessen ihm bekannten 13jährigen Sohn. Dieser behält den Brief in der Tasche, wo ihn die Mutter drei Tage später findet. Sie händigt den Brief drei weitere Tage später ihrem bis dahin verreisten Manne aus. Wann ist der Brief zugegangen?

172. Enthält § 130 I zwingendes Recht? Besonders im Bankverkehr sind Klauseln häufig, wonach jede auf das Vertragsverhältnis bezügliche Erklärung dem Erklärungsgegner schon dann als zugegangen gilt, wenn sie im eingeschriebenen Brief an dessen (gegenwärtige, ständige, letzte bekannte) Adresse abgesandt ist. — Zulässig?

In den Versicherungsbestimmungen des „Internationalen Verbandes zur Transportversicherung von Post- und Eisenbahnwertsendungen" heißt es: „Die Absendungen sind am Tage der Aufgabe zur Post in das von der Versicherungsgesellschaft zu liefernde Policenbuch einzutragen. Von den täglichen Eintragungen sind der Versicherungsgesellschaft innerhalb 24 Stunden nach der Absendung Auszüge herzustellen."

Zulässig? — Vgl. auch VersVertrG § 10, DJZ 1912, 252.

173. Ein Hauswirt besucht seinen seit einigen Tagen in einer Nervenklinik befindlichen geisteskranken Mieter und erklärt ihm die Kündigung mit der Weisung, sie seinem demnächst zu bestellenden Vormunde mitzuteilen. Als einige Tage später der inzwischen bestellte vorläufige Vormund (§ 1906) seinen Mündel besucht, ist dieser in völlige Apathie versunken, aber ein Assistenzarzt, der beim Besuch des Hauswirts zugegen war, teilt dem Vormunde die Kündigung mit. Ist diese damit wirksam geworden?

Rechtsgeschäft gegen gesetzliches Verbot oder gegen die guten Sitten (§§ 134—138).

174. Das Reichsgaststättengesetz vom 28. April 1930 verbietet und stellt unter Strafe (§§ 16 Nr. 3, 29), geistige Getränke im Betriebe einer Gastwirtschaft an Betrunkene zu verabreichen. Der Student Biermörder fordert auf Grund dieser Bestimmung von dem Wirte eines Lokals, das er in schon stark schwankendem Zustande betreten hat, im Wege der Klage Rückerstattung seiner Zeche im Betrage von 5 RM. Der Wirt beantragt Klageabweisung, indem er sich darauf beruft, daß im Gaststättengesetz die Nichtigkeit von Verträgen, die unter das obige Verbot fallen, nicht ausgesprochen ist. Notfalls macht er geltend, daß in dieser Zeche 50 Pfennig Trinkgeld an den Kellner enthalten seien, die ihn nichts angingen. Ferner müsse er doch mindestens den Einkaufspreis des von Biermörder vertilgten Bieres im Betrage von 2,50 RM behalten, könne also höchstens zur Rückzahlung von 2 RM verurteilt werden. Biermörder bestreitet mit Entschiedenheit, durch den Genuß des Bieres „bereichert" zu sein. — Wie ist zu entscheiden?

175. Der Referendar Streber, der seine erste Amtsgerichtsstation in einem kleinen Städtchen verbringt, ißt im Wirtshause Hasenbraten. Sein Amtsrichter kommt an seinem Tisch vorbei und sagt zu Streber im Scherz, den dieser als Ernst nimmt: „Herr Referendar, Sie wissen doch dienstlich aus der verantwortlichen Vernehmung des geständigen Wilddiebs Wildstake, daß der Wirt seinen Bedarf an Hasen ausschließlich bei Wildstake deckt, der als Wilddieb die Hasen so billig liefert. Bitte, beweisen Sie dem Wirt jetzt, daß Sie Jurist sind." Nach einigem Überlegen weigert sich Streber dem Wirt gegenüber, den Braten zu bezahlen, weil das zwischen ihnen abgeschlossene Geschäft entweder nichtig sei oder die gekaufte Sache an einem Rechtsmangel leide.

176. Die Eheleute Lemke haben 1911 die Ehe geschlossen. Auf Klage des Ehemannes hat das Landgericht die Ehe wegen Ehebruchs der Beklagten mit einem gewissen Grünbaum geschieden und sie für allein schuldig erklärt. Das Urteil ist der Beklagten am 7. Mai 1925 zugestellt. Am 25. Mai haben die Parteien einen notariellen Vertrag geschlossen, in dessen § 1 sie erklären: „Wir haben auf Rechtsmittel verzichtet." In § 2 verpflichtet sich der Kläger an die Beklagte 3000 RM zu zahlen, „sobald der instrumentierende Notar mir das rechtskräftige Scheidungsurteil vorlegt". In § 3 heißt es, diese Zahlung erfolge, um der Beklagten die Möglichkeit zu geben, sich eine Existenz zu schaffen und um etwaige Ansprüche aus eingebrachtem Gut abzugelten. Auf Weisung ihrer Parteien verzichten ihre Anwälte noch am selben Tage in einer gemeinsamen Erklärung auf Berufung. Am 5. Juni ließ sich Frau Lemke die 3000 RM auszahlen und am gleichen Tage legte sie Berufung gegen das Scheidungsurteil mit der Begründung ein, der Rechtsmittelverzicht verstoße gegen §§ 134, 138. Die Vereinbarung habe den Zweck gehabt, die unberechtigte Scheidung durchzusetzen. Der Kläger habe ihr nämlich den Ehebruch mit Grünbaum längst verziehen, habe sich selbst aber auch mehrfach des Ehebruchs schuldig gemacht. Nur um das Bekanntwerden seiner eigenen Verfehlungen zu verhüten und seine Stellung als Beamter nicht zu gefährden, habe er von ihr den Rechtsmittelverzicht um 3000 RM erkauft. Der Kläger bestreitet diese Behauptungen und macht geltend, die Anwendung bürgerlich-rechtlicher Grundsätze auf prozessuale Rechtsgeschäfte sei nicht zulässig. (RG 118, 171.) — Entscheidung?

177. a) Das Vermögen eines Hochverräters (StGB §§ 81, 93) wird in Beschlag genommen (StPO §§ 433, 291 f.). Ein Geschäftsfreund von ihm, der von der Beschlagnahme noch nichts gehört hat, zahlt ihm ein Darlehn von 100 RM zurück oder kauft ihm einen Kunstgegenstand ab oder erwirbt käuflich von ihm ein Grundstück. — Rechtsfolgen?

b) Wie wirkt der gleiche Tatbestand bei einem Gemeinschuldner? (KO § 7.)

178. Einer Stadt ist im 18. Jahrhundert eine juristische Bibliothek mit wertvollen Werken aus dem 16.—18. Jahrhundert vermacht mit der Bestimmung, daß die Bücher nie veräußert werden dürfen. Der Direktor des juristischen Seminars der benachbarten Universitätsstadt möchte diese gänzlich brachliegende Bibliothek gern käuflich erwerben. Der Magistrat lehnt ab, ist aber allenfalls bereit, irgendein Buch gegen einen neuen Hue de Grais, Handbuch der Verfassung und Verwaltung, den man schon lange entbehre, umzutauschen, und die Bibliothek auch sonst durch Tausch zu modernisieren. Würde der Seminardirektor so eingetauschte Bücher nach BGB zu Eigentum (für wen?) erwerben, wenn er das testamentarische Veräußerungsverbot kennt?

179. Eugen Wohlfahrt, Bürochef einer großen Aktiengesellschaft, verliert seine Frau im ersten Wochenbett. Alsbald muß er feststellen, daß sein bis dahin musterhaft geführter Haushalt mehr und mehr verfällt, daß er von ungetreuen Hausangestellten nach allen Richtungen bestohlen und übervorteilt wird und daß das kränkliche Kind nicht seine rechte Pflege erhält. Als er eines Tages seiner Stenotypistin Ilse Zärtlich sein Leid klagt, zeigt diese solch verständnisvolles Mitgefühl, daß er sie fragt, ob sie es nicht über sich bringen könne, zu ihm zu ziehen und die Rolle der Hausfrau und Mutter zu übernehmen. Zwar könne er sich nicht entschließen, seiner Verewigten schon jetzt eine Nachfolgerin zu geben, aber sollte das Zusammenleben zeigen, daß sie beide, woran er nicht zweifle, charakterlich gut zueinander paßten, werde er sie gern heiraten. Vorläufig wollten sie beide das gemeinsame Leben als eine Probezeit für die zukünftige Ehe ansehen. Als Wohlfahrt dann auf den Lohn zu sprechen kommt, wehrt Ilse Zärtlich ab: sie sehe mehr auf gute Behandlung und wolle die Beziehungen doch nicht durch Feilschen um Geld vergiften, sie habe vollstes Zutrauen zu Wohlfahrt. Im August 1929 zieht dann Ilse Zärtlich zu ihm, führt ihm die Wirtschaft, betreut das Kind und sorgt auch für die Untermieter. Nach anfänglich sehr harmonischem, intimem Zusammenleben kommt es im Januar 1931 zum Krach zwischen beiden. Ilse Zärtlich verläßt die gemeinsame Wohnung mit Sack und Pack, sucht sich ein eigenes Heim und klagt vor dem Arbeitsgericht den angemessenen Lohn für ihre Arbeit während der 17 Monate in Höhe von 1287,50 RM ein. Wohlfahrt beantragt Klageabweisung, es habe sich bei ihnen um eine Probezeit für die Ehe, nicht um einen Dienstvertrag gehandelt. Der Richter verurteilt ihn zur Zahlung von 560 RM aus ungerechtfertigter Bereicherung. Das Landesarbeitsgericht weist auf Berufung die Klage ab und das Reichsarbeitsgericht (61/31) bestätigt die Klageabweisung mit folgender Begründung: „Beabsichtigen ein Mann und eine Frau, die eine spätere Eheschließung in Aussicht genommen haben, zunächst ein Zusammenleben wie Mann und Frau und begründen gleichzeitig dienstvertragliche Beziehungen zueinander . . ., so stellt sich die Übernahme der Dienste zugleich als Mittel zur Herbeiführung eines unsittlichen Gemeinschaftsverhältnisses dar, so daß die Frau ihre Arbeitsleistung nicht bezahlt verlangen kann."

Bedenken? Vgl. auch § 817!

180. Zwischen einer jungen Filmschauspielerin und einer Filmgesellschaft wird ein Vertrag geschlossen, nach dem diese das Recht hat, das Vertragsverhältnis nach halbjähriger Dauer zunächst auf ein halbes Jahr und schließlich auf weitere drei Jahre durch einseitige Erklärung zu verlängern. Zugleich ist der Gesellschaft das Recht eingeräumt, die Schauspielerin anderen Gesellschaften zur Verfügung zu stellen. — Unsittlich? Auch dann, wenn mit jeder Verlängerung eine Steigerung der Gage verbunden ist? (ArbG Berlin 1. Nov. 1928 s. Soergel, Rechtsprechung zum BGB 1929—1931, zu § 138 Nr. 18.)

181. Unter welchen Umständen verstößt ein Darlehn zu Spielzwecken oder zur Bezahlung einer Spielschuld gegen die guten Sitten? — Ein Darlehn unter Verpfändung des Ehrenwortes für künftige Rückzahlung? — Ein Darlehn unter Verpfändung des Ehrenwortes, die dem Gläubiger zur Sicherheit übertragenen, dem Schuldner leihweise überlassenen Silbersachen nicht anderweit verkaufen zu wollen? — Ein Darlehn an einen Trinker oder an einen Morphinisten unter ehrenwörtlicher Verpflichtung, Alkohol bzw. Morphium in Zukunft zu meiden? — Ein Darlehensversprechen an einen verbummelten Studenten unter der Bedingung, daß er die Richtigkeit seines Schuldenverzeichnisses ehrenwörtlich bekräftigt? — (Zur rechtlichen Bedeutung des Ehrenwortes vgl. RG in JW 1915, 995; 1908, 445.)

182. Der englische Fliegermajor Samson erzählt in seiner Lebensbeschreibung, daß er mit seinem Begleiter Leutnant Seddon einmal ins Meer in der Nähe der englischen Küste abgestürzt sei. Als die Offiziere nahe am Ertrinken waren, erschien ein Fischer in einem kleinen Boot und bot an, sie an Land zu rudern, aber nur, wenn sie für die Person ein Pfund bezahlten. Samson fährt fort: „Wir sagten dem alten Schurken, was wir von ihm dachten, doch er blieb fest, und in unserem Zustande hätten wir ihm selbst den Mond versprochen, wenn er uns um diesen Preis gerettet hätte. So brachte er uns zur Küste und verlangte da seinen Lohn. Wir waren aber noch stark genug, um den geldgierigen Menschenfreund so lange zu prügeln, bis er sich mit dem angemessenen Preise von 5 Schilling begnügte."

(Strafrechtsfall von H. Kantorowicz.)

Kann der Fischer nach deutschem Recht die Differenz zwischen dem versprochenen 1 Pfund für die Person und den gezahlten 5 Schilling nachträglich verlangen? (Wegen Rettung von Menschen aus Seenot vgl. § 750 HBG [analog?], Reichsstrandungsordnung, Art. 11 des Internationalen Übereinkommens über die Hilfsleistung und Bergung in Seenot v. 23. September 1910 [RGBl 1913 S. 78] in Verbindung mit Art. 3 des Seenotgesetzes vom 7. Januar 1913.)

183. Zeitungsanzeige aus der Zeit der Inflation:

„Möchte mein fettes Schwein vertauschen gegen ein Haus. Angebote unter W. 3080 an die Kieler Neuesten Nachrichten."

Wucher?

184. Zur Erlangung eines wucherischen Darlehns hat der Rentner Sorge dem Geldgeber Wurm künstlerisch sehr wertvolle alte Familienbilder für einen Spottpreis verkaufen müssen. — Oder das Darlehn erhielt Sorge nur, weil er dem Wurm gänzlich wertlose Bilder zu hohem Preise abkaufte.

Eigentumsverhältnisse in beiden Fällen? Ist es von Bedeutung, ob die Kaufverträge und die Darlehnsschuldscheine in gesonderten Urkunden niedergelegt sind?

185. In einem Konkurse meldet der Geldverleiher Wurm ein dem Gemeinschuldner vor 5 Jahren gegebenes Darlehn von 1000 RM an. Der Konkursverwalter stellt fest, daß der Gemeinschuldner dies Darlehn 5 Jahre lang mit 20% verzinst hat, möchte die Zinszahlungen als Kapitalrückzahlungen rechnen, darüber hinaus aber auch den Wurm mit angemessener Verzinsung dieser Zinsen belasten. Wurm meint, Zinseszinsen (§ 248) würden nie geschuldet, und mindestens müsse ihm sein Kapital doch mit 6% verzinst werden.

Entscheidung?

Nichtigkeit, Konversion, Bestätigung (§§ 139—141, 144.)

186. Die Klägerin mietete durch privatschriftlichen Vertrag vom 2. November 1912 vom Beklagten dessen Haus in E. auf die Dauer von 10 Jahren mit der Bestimmung, daß der Vertrag als um weitere 5 Jahre — bis 30. März 1928 — verlängert gelte, wenn ihn die Mieterin nicht ein Jahr vor Ablauf kündige. § 12 des Vertrages bestimmt: „Vermieter räumt der Mieterin auf Wunsch während der Dauer des Vertrages das Vorkaufsrecht ein. Weigert sich Vermieter, dieser Verpflichtung in rechtsverbindlicher Form nachzukommen, so hat der Vermieter ohne jede weitere Einrede eine sofort fällige Vertragsstrafe von 20 000 RM an Mieterin zu zahlen." — Nachdem Beklagter den Mietvertrag in Rücksicht auf den Formmangel (§ 566) für nichtig erklärt hat, begehrt Klägerin Feststellung, daß der Vertrag erst am 30. März 1928 ablaufe (RG 107, 39). — Unterliegt ein Vertrag, der ein Vorkaufsrecht begründet, dem Formzwang des § 313? Auch ein auf Begründung eines solchen Rechts gerichteter Vorvertrag? Wie steht es mit einer Vertragsstrafe, die Beachtung eines formnichtigen Vertrages erzwingen soll (§ 344)? Paßt § 139 auf vorstehenden Tatbestand? Vgl. RG 122, 138, welches Urteil angeblich den Satz enthält: „§ 139 findet keine Anwendung, wenn die Parteien bei Vertragsschluß wissen, daß ein Teil ihrer Abmachungen wegen Nichtbeachtung der gesetzlichen Formvorschriften unwirksam ist."

Entscheidung?

187. Ist § 139 bedeutsam für die Frage des Eigentumserwerbs der Dirne an der Banknote, mit der ihr Besucher seiner „Verpflichtung“ nachkommt? — Kann der Besucher diese Banknote wegen Nichtigkeit des Vertrages zurückfordern? (§ 985, §§ 812, 817?)

188. Eine Leihbibliothek „verleiht“ ihre Bücher gegen Entgelt. Konversion (Umdeutung) von Leihe (§ 508) in Miete (§ 535) nach § 140?

189. Der Student Leidig wird von seinem Gläubiger Hartmann schwer bedrängt. Sein Kommilitone Willich bittet Hartmann, doch Nachsicht walten zu lassen. Wenn Hartmann binnen Monatsfrist nicht befriedigt sei, werde er, Willich, für Leidig einspringen. Als Hartmann nach dieser Frist Zahlung von Willich begehrt, beruft sich dieser auf den Formmangel seiner Bürgschaft (§ 766). Umdeutung dieser in Schuldübernahme (§ 414) oder Schuldbeitritt?

190. Wird ein wucherisches Darlehn durch langjährige Zahlung der Wucherzinsen bestätigt? Ein unsittliches Geschäft durch Erfüllung? (Beachte hierzu § 817!) Eine Spielschuld durch Hingabe eines selbständigen Schuldversprechens (§ 780) oder eines Wechsels oder durch Zahlung oder Übereignung eines Ringes an Zahlungsstatt (§ 364)? Ein wegen Irrtums angefochtenes Geschäft durch Zurücknahme der Anfechtung oder durch Fortsetzung der Erfüllung? Das schwebend unwirksame Rechtsgeschäft des Minderjährigen durch Erfüllung vor oder nach Volljährigkeit? — Ein wegen arglistiger Täuschung anfechtbares Geschäft, wenn der Getäuschte trotz Kenntnis der Täuschung die Erfüllung solange fortsetzt, bis er für das Gericht ausreichende Beweise in Händen hat? — Ein wegen Irrtums anfechtbares Geschäft, wenn der Irrende trotz Kenntnis seines Irrtums solange mit der Erfüllung fortfährt, bis er zufällig über sein Anfechtungsrecht von rechtsverständiger Seite belehrt wird?

Dritter Titel.

Vertrag (§§ 145 — 157).

191. Ein Gast, der ein Wirtshaus betritt, fällt über eine schadhafte Matte und bricht sich ein Bein. Der Kellner ist von einem anderen Gast kurz vorher auf das eben erst entstandene Loch in der Matte aufmerksam gemacht. Haftet der Wirt für die Nachlässigkeit des Kellners nach § 278 oder nur nach § 831? Ist es von Bedeutung, ob der Gast sich telephonisch schon einen Tisch hatte reservieren lassen oder pünktlicher Stammgast oder ein Fremder ist?

192. Ein Kofferträger und ein Reisender treten gleichzeitig aufeinander zu, um einen Vertrag über die Beförderung des Gepäcks abzuschließen. (Dornburg, Pandekten II § 11 Note 2). Wer macht einen Antrag? — Ist es vielleicht von Bedeutung, ob der Träger den Reisenden und damit den Inhalt seines Auftrages kennt? — Kann der Träger eine besonders zeitraubende Beförderung wegen anderer Verpflichtung ablehnen?

193. Auf einer Festlichkeit des Göttinger Juristentisches im Januar 1900 fragte der Gerichtsassessor Wiedemeyer den Justizrat von Bergen, ob er nicht die gemeinrechtliche Urteilssammlung „Seufferts Archiv" als für den Praktiker jetzt einigermaßen wertlos verkaufen wolle. Der Justizrat erklärte, das wolle er sich gern überlegen. Über einen Kaufpreis wurde nicht gesprochen. Am folgenden Morgen erschien bei Wiedemeyer ein Bote des Justizrats mit den damals erschienenen 54 Bänden des Archivs und einem Begleitbrief, in dem von Bergen mitteilte, er habe sich zum Verkauf entschlossen, „ich bin mit jedem Preise einverstanden, den Sie mir bewilligen".

Lag eine annahmefähige Offerte vor? (Vgl. § 315.) Irgendein Marktpreis für gemeinrechtliche Literatur, der als Anhaltspunkt hätte dienen können, war damals naturgemäß noch nicht zu ermitteln.

194. Wer macht das Angebot bei einem Warenautomat oder bei einer automatischen Waage? Offerte an das

Publikum oder in incertam personam? Wie kommt der Vertrag zustande? Wie ist rechtlich der Vorgang, wenn der Automat wegen Warenmangels den Groschen wieder herausgibt?

Wie, wenn sich zwei Personen für einen Groschen wiegen lassen, indem der Zweite die Waage belastet, während der Erste sie verläßt? Strafrechtlicher Betrug (StGB § 263)? Anspruch auf Nachzahlung des ersparten Groschens?

Wie, wenn ein Minderjähriger wider Willen seiner Eltern den Automaten benutzt?

195. Ist die Offerte „freibleibend" gleichzusetzen mit der gemeinrechtlichen (nicht bindenden) Offerte, von der Dernburg (Pandekten II § 11) sagt: „Solange der Vertrag nicht durch Perfektion der Annahmeerklärung geschlossen ist, darf jeder Teil zurücktreten"? — Unterschied? (Vgl. RG 102, 227; 103, 313, 414.)

196. Ein Offerent, der in einsamer Gebirgsgegend wohnt, rechnet schon bei Absendung seines Antrages damit, daß ihn seine Post infolge von Schneeverwehungen verspätet erreicht. Ist er nur so lange an seinen Antrag gebunden, als er den Eingang der Antwort „unter regelmäßigen Umständen", also ohne Schneeverwehung, erwarten darf?

197. Auf wessen Gefahr reist die Anzeige des § 149? Enthält sie eine Willenserklärung? Kann auch ein Minderjähriger sie wirksam erstatten? Wie, wenn die Anzeige trotz rechtzeitigen Eingangs der Annahmeerklärung erfolgt, der Akzeptant nunmehr anderweitig verfügt und der Offerent jetzt seine Anzeige „zurücknimmt"?

198. Auf einen Vertragsantrag, dessen umgehende telegraphische Beantwortung verlangt ist, geht das Telegramm ein: „Angenommen, Brief folgt." Der Antragende fürchtet, daß ihm brieflich irgendwelche unbequeme Bedingungen gestellt werden und begehrt Rechtsrat, ob der Vertrag zustande gekommen ist. — Antwort? (Vgl. RG 105, 13.)

199. Bei einem Hotelwirt in Berlin bestellt der Amtsgerichtsrat Kannengießer, ein regelmäßiger Gast, von der Reise aus telegraphisch ein Zimmer für den folgenden Abend. Der Wirt weist den Portier an, das letzte verfügbare Zimmer für diesen Gast bereitzustellen, der auch schon in die Gästeliste eingetragen wird. Am folgenden Mittag erscheint ein bekannter Politiker und will ein Zimmer haben. Der Wirt gibt ihm aus Reklamerücksichten das für K. reservierte Zimmer und als K. am Abend eintrifft, hört er, daß kein Zimmer mehr frei ist. K. muß infolgedessen in einem benachbarten Hotel das letzte freie Zimmer zu einem sehr hohen Preise nehmen. Als K. am folgenden Morgen in sein Stammlokal kommt, nach für ihn eingegangener Post fragt und dem Portier sein Unglück erzählt, berichtet dieser ihm den Vorgang mit dem Hinzufügen, K. könne seinetwegen von dieser Mitteilung jeden Gebrauch machen, denn er verlasse dieser Tage seine Stellung, um ein eigenes Hotel zu übernehmen. Als der Wirt die Zahlung der von K. geforderten Preisdifferenz ablehnt, weil solche internen Vorgänge das Publikum nichts angingen, klagt K. auf Zahlung. — Das Urteil ist zu entwerfen.

200. Bei umgehender Übersendung käuflich bestellter Waren lassen sich nach Ankunft des Bestellschreibens folgende Stadien unterscheiden:

1. Der Kaufmann faßt den inneren Entschluß, zu liefern.
2. Das Bestellschreiben wird beim Ordnen der gleichzeitigen Eingänge zu den sonstigen Bestellungen gelegt, die ausgeführt werden sollen.
3. Dem auf dem Warenlager beschäftigten Angestellten geht die Weisung zu, die Ware nach Art und Menge auszusondern.
4. Die Ware wird ausgesondert,
5. verpackt,
6. zur Post geliefert und
7. geht dem Besteller zu.

Wann ist der Kaufvertrag nach § 151 zustande gekommen? Hat der Beginn der Erfüllungshandlung (oder ein anderes der Stadien 2 bis 6) den Vertragsschluß zur Folge, der auflösend bedingt ist durch die Redressierung der Annahmehandlung seitens des Antragsempfängers?

Oder gibt es keine bedingte Annahme? Beispiel: Dem X wird von einem Billethändler ein Theaterbillet zu einer Faustaufführung brieflich angeboten. X nimmt das Angebot mit dem Bemerken an: „Für den Fall, daß beim Eingang meines Schreibens schon bekannt sein sollte, daß der Schauspieler Z den Mephisto nicht spielt, will ich das Billet nicht haben." Zulässig? Was folgt daraus für die bedingte Annahme?

201. Ein alter Professor der Rechte muß seine Bibliothek verkaufen. Zu diesem Zwecke sendet er dem Direktor eines juristischen Seminars ein Verzeichnis seiner Bücher unter Beifügung seiner Preisforderungen mit dem Bemerken, daß er Durchschläge des Verzeichnisses auch anderen Interessenten übersandt habe. Der Direktor findet in dem Katalog eine langgesuchte Zeitschriftenserie und drahtet: „Erbitte sofortige Übersendung von Serie 6. Preis folgt umgehend." Trotz dieses Annahmeverzichts erklärt der Verkäufer, der die Verpackung der Bücher nicht noch am selben Tage bewerkstelligen kann, brieflich seine Annahme dieser Offerte (oder war er selbst Offerent?). Als er am folgenden Morgen mit der Verpackung beschäftigt ist, kommt ein rechtsgelehrter Freund dazu und bietet ihm das Doppelte des Preises. Der Verkäufer drahtet jetzt dem Direktor: „Revoziere Annahme wegen anderweiten besseren Gebots." Der Direktor erhält den Annahmebrief und das Telegramm gleichzeitig und ist jetzt im Zweifel, ob der Kaufvertrag nicht nach § 151 schon mit Absendung des Annahmebriefes zustande gekommen ist. — Entscheidung?

202. Ein Kaufmann schickt einer Dame auf deren Verlangen eine Kollektion Regenmäntel zur Ansicht. Ihrem Freunde, der die Mäntel voller Interesse auf Qualität des Stoffes näher prüft, entfällt sein Füllfederhalter und zwei Mäntel weisen Tintenflecken auf. Der Kaufmann erblickt in dieser Beschädigung eine „Aneignungshandlung“ und verlangt den Ladenpreis. Die Kundin will nur nach § 831 und nicht nach § 278 für den Freund haften, bei dessen Auswahl sie übrigens alle Sorgfalt beobachtet habe und nur die Reinigungskosten, nur im Notfalle die Einkaufswerte der Mäntel bewilligen. — Wer hat Recht? Hat die Dame mit der Bestellung dieser Auswahlsendung schon einen Kauf auf Probe (§ 495) abgeschlossen? Muß die Dame einen Mantel nehmen? — Rechtslage, wenn der Dame die Auswahlsendung unbestellt zuging? Vertragsschluß (welchen Inhalts?) durch Vornahme der Besichtigung? Wie lange ist der Kaufmann an seine Kaufofferte gebunden?

203. Dem Senator Schmöker sind drei Kistchen Zigarren von je 50 Stück von einer ihm bis dahin unbekannten Firma unverlangt zur Ansicht übersandt mit dem Bemerken, es stünde ihm frei, aus jeder Kiste drei Stück zu probieren. Schmöker will von diesem Angebot (wie ist dies rechtlich zu charakterisieren?) Gebrauch machen, raucht aber versehentlich aus einer Kiste vier Zigarren, dafür aus einer anderen nur zwei. Kann der Händler daraufhin Bezahlung der Kiste, in welcher vier Zigarren fehlen, verlangen? Kann sich Schmöker auf seinen mangelnden Willen berufen?

Wie, wenn Schmökers Sohn Helmut, der von der Herkunft der Zigarren nichts weiß, einer unangebrochenen Kiste vier Zigarren entnimmt?

Wie, wenn Schmöker für die Zigarren keine Verwendung hat, weil er auf ärztliches Gebot Nichtraucher geworden ist, muß er die Offerte ablehnen, wenn eine frankierte Postkarte beiliegt? Darf Schmöker die Zigarren fortwerfen (vgl. SeuffA 62, 467. Handelsrecht!) oder muß er sie sachgemäß aufbewahren? Er stellt sie an den ihm bequemsten Ort: auf die Platte der Heizung, wo sie schnell verderben. Schadensersatzpflicht nach § 823? — Sind die Fragen dieses Absatzes anders zu beantworten, wenn der Händler den Schmöker früher häufig beliefert hat?

Der Zigarrenhändler erfährt von dem Schicksal der Zigarren nichts, auf Briefe antwortet Schmöker nicht, obwohl

Porto beiliegt. Infolgedessen klagt der Händler in erster Linie auf Zahlung des fakturierten Preises, notfalls darauf, ihm die Abholung der Zigarren zu gestatten. Oder besser umgekehrt? Ist diese Alternative eine Wahlschuld (§ 262 f.)?

Setze an Stelle der Zigarren ein unverlangt übersandtes Lotterielos, das inzwischen mit einem Gewinn gezogen ist. Kann der Kollekteur, der von Schmöker bis dahin keiner Antwort gewürdigt wurde, die Herausgabe des Loses verlangen, wenn Schmöker sich zur Zahlung des Kaufpreises erbietet? Wie, wenn der Kollekteur erfährt, daß Schmöker einem Dritten gegenüber vor der Ziehung geäußert hat, er denke nicht daran, das Los zu behalten?

204. Die der Warensendung eines Kaufmanns beiliegende Faktura enthält meistens Klauseln, die sich auf den Inhalt des Kaufvertrages (z. B. Transportgefahr, Zahlungszeit und -ort, Reklamationsfristen, Verpackung, Erfüllungsort) beziehen und durchweg die Vertragsbeziehungen gegenüber den gesetzlichen Vorschriften zugunsten des Verkäufers umgestalten. Wie wirken diese Klauseln bei bestellter (nach oder ohne vorheriges Annahmeschreiben) und bei unbestellter Ware im Hinblick auf § 150 II?

205. A bestellt bei einer auswärtigen Fischhandlung brieflich zu einer Festlichkeit Fische und bemerkt in seinem Schreiben, daß die Fische spätestens am Tage der Festlichkeit mit der ersten Bestellung der Postpakete in seinen Händen sein müssen. Der Händler versäumt es, aus Unachtsamkeit oder weil er von seinem Lieferanten in Stich gelassen ist, die Fische rechtzeitig mit der Post abzusenden. Ist die Offerte damit erloschen? — Wie, wenn der Händler, um seinen Kunden nicht in Verlegenheit zu bringen, einen besonderen Boten schickt, dem es gelingt, die Fische zur Zeit der ersten Bestellung abzuliefern? Kann A die Fische dann zurückweisen?

206. Ein Konditor, der neuerdings auch Baumkuchen herstellt, übersendet seinen besonders geschätzten Kunden einen kleinen Baumkuchen mit beiliegender Rechnung und der Bitte um telephonischen Anruf, falls der Kuchen nicht behalten werden soll. Der Professor Dr. rer. pol. Flock, dessen Vorliebe für Baumkuchen allgemein bekannt ist, erhält die Sendung gerade an seinem Geburtstage, übersieht beim hastigen Auspacken die Faktura und verzehrt den Kuchen sofort, in der Annahme, daß er die Geburtstagsgabe einer seiner zahlreichen Verehrerinnen darstellt. Als der Konditor Bezahlung verlangt, bittet Flock einen juristischen Kollegen um Rechtsrat. Dieser meint, mindestens hafte Flock auf Bereicherung, die dieser leugnet. (Begründung?) Vielleicht auf das negative Vertragsinteresse, weil er seine im Verzehren des Kuchens liegende Willenserklärung wegen Irrtums anfechten müsse. (Was für ein Irrtum liegt vor? Höhe des Interesses?) Nach neuerer, in der Judikatur aber noch nicht belegbarer Ansicht (Hauptvertreter?) handle es sich bei diesem Verzehren nicht um eine Willenserklärung, sondern um eine Willensäußerung, für die strenge Willenstheorie gelte, also eine Anfechtung nicht in Betracht komme. Dann würde Flock nur aus unerlaubter Handlung wegen fahrlässiger Vernichtung fremden Eigentums haften. Flock bestreitet entrüstet jede Fahrlässigkeit. Weihnachten und an Geburtstagen pflege man einlaufende Pakete nicht auf beiliegende Rechnungen durchzusehen. — Was ist davon zu halten? Erhält der Konditor nach § 823 nur den Herstellungswert des Kuchens ersetzt oder den Kaufpreis?

207. Der Kurdirektor Flott bestellt bei seinem Schneidermeister Böck in der nächsten Hauptstadt auf Grund eingesandter Stoffproben einen Maßanzug. Böck bestätigt nicht erst den Auftrag, sondern begibt sich ungesäumt an die Arbeit. Welchen Einfluß auf die Parteibeziehungen hat der plötzliche Tod Flotts, der in einem der folgenden Zeitpunkte erfolgt:

a) nach Absendung, kurz vor Ankunft des fertigen Anzuges,

b) während der Anzug in Arbeit ist,

c) nach Absendung, vor Ankunft der Bestellung,

d) vor Absendung des Briefes mit der Anzugbestellung, den das Mädchen am Morgen auf dem Schreibtisch fand und nach allgemeiner Weisung sofort in den Briefkasten steckte, ohne vom Tode ihres Dienstherrn zu wissen.

Inwiefern ist der Zeitpunkt bedeutsam, in dem Böck die Todesanzeige in der Zeitung liest?

Wenn nicht Flott, sondern Böck stirbt, welchen Einfluß hat dessen Tod auf die Parteibeziehungen je nach der Todeszeit?

208. Kaufmännische Bestätigungsschreiben der Lieferanten enthalten zum Teil Ausgestaltungen des Vertrages, wo eine gesetzliche Regelung fehlt, z. T. von dieser abweichende Bestimmungen über Erfüllungsort, Transportgefahr und -kosten, Zahlungszeit, -ort, -art, Verpflichtung für den kreditierten Kaufpreis einen Wechsel auszustellen, Rücksendung der Emballage, Reklamationsfristen u. dgl. Werden diese Bestimmungen Vertragsinhalt, wenn der Lieferant mit solchem Schreiben die Offerte annimmt? Wie, wenn sie sich auf der der Sendung beiliegenden Faktura finden? Muß der Besteller mit solcher rechtsgeschäftlicher Ausgestaltung des Kaufvertrages rechnen? Wie, wenn eine Klausel dem ausdrücklichen Inhalt der Offerte widerspricht?

209. „Das BGB hat den ganzen Begriff des Vorvertrages gestrichen, weil der Vorvertrag entweder nichts ist, oder ein Vertrag mit besonderem Inhalt, der in jedem Falle zu ermitteln ist" (Rehbein, BGB I, 208). — Die Richtigkeit dieses Satzes ist an folgenden Beispielen zu prüfen:

a) Eine Druckerei verpflichtet sich, auf drei Jahre Druckaufträge der Universität zu bestimmten Preisen auszuführen. Die Universität behält sich das Recht vor, Druckaufträge auch anderweit zu vergeben — oder gewährt der Druckerei ein Monopol.

b) Mündliche Verpflichtung, einen Wechsel für den kreditierten Kaufpreis auszustellen, einen dreijährigen schriftlichen Mietvertrag (§ 566) zu schließen, vor dem Grundbuchamt eine Auflassung zu erklären, eine Dame zu heiraten, einen Jungen zu adoptieren, ein Grundstück nicht anderweit zu verkaufen, eine Grunddienstbarkeit zu bestellen, ein Darlehn zu geben. — Können diese Verpflichtungen durch Vertragsstrafe (§§ 339 f.) gesichert werden?

210. Kann im Falle 131 der Maurermeister M. sich auf § 154 berufen, sodaß der Vertrag als nicht geschlossen gilt und M die bisher geleistete Arbeit nach Bereicherungsgrundsätzen vergütet erhält?

Oder ist der Tatbestand des § 155 gegeben und kann M besondere Bezahlung des Gerüstes verlangen?

211. Bei einer Versteigerung von Ölgemälden bietet der Kunsthändler Wagner 650 RM. Ein Übergebot von 700 RM wird von dem wegen Verschwendung entmündigten Grafen Ixenstein abgegeben, der darauf den Zuschlag erhält. Als aber der Versteigerer von dritter Seite auf die Entmündigung hingewiesen wird, nimmt er den Zuschlag zurück und will, weil kein höheres Gebot erfolgt, Wagner für 650 RM den Zuschlag erteilen. Diesen reut sein Gebot und er widerspricht. — Entscheidung?

212. Auf dem Bahnhofe in Lüchow im hannoverschen Wendlande sitzt der wegen Betruges und kleiner Gelegenheitsdiebstähle häufig bestrafte bäuerliche Händler Jochen. Neben ihm liegt zufällig ein fremder wertvoller Hühnerhund. Ein vorbeikommender Bauer gerät mit Jochen in folgendes Zwiegespräch:

Bauer: „Wat hest du dor vör'n schönen Hund."

Jochen: „Jo, dat segg man."

Bauer: „Wist du de Hund nich verköpen?"

Jochen: „Wenn du mi 20 RM giffst, kannst em mintwegen mitnehmen."

Der Bauer zahlt 20 RM und nimmt den Hund mit sich.

Einige Wochen später steht Jochen vor dem Schöffengericht unter der Anklage des Diebstahls. Auf Grund seiner reichen forensischen Erfahrungen weist er jede Aneignungsabsicht weit von sich, er habe den Hund überhaupt nicht angefaßt und sich dem Bauern gegenüber lediglich zu einem Dulden verpflichtet. Für diese Verpflichtung habe er als Gegenleistung die 20 RM erhalten.

Ist eine Verurteilung wegen Diebstahls möglich? Wegen Betruges? Ist ein Kaufvertrag zwischen Jochen und dem Bauern zustande gekommen? Was kann der Bauer von Jochen verlangen? Ist es von Bedeutung, ob der Bauer Jochens strafrechtliche Vergangenheit kannte?

Vierter Titel.

Bedingung. Zeitbestimmung. (§§ 158—163.)

213. Vor etwa 50 Jahren saßen in einer Wirtschaft am Marktplatz in Kiel zwei Studenten und starrten trübselig zum Fenster hinaus. Als der Wirt nach dem Grunde ihres Mißvergnügens fragte, wurde ihm die Antwort, sie hätten eben um eine gute Flasche gewettet und würden sie gern gleich trinken, die Wette müsse aber erst entschieden werden. Der Wirt erklärte sich bereit, mit der Bezahlung bis zur Entscheidung zu warten und servierte ihnen die begehrte Flasche. Als die Studenten sich in gebesserter Stimmung entfernten, bat der neugierige Wirt, ihm doch den Gegenstand der Wette zu verraten. „Gern“, wurde ihm erwidert, „wir haben gewettet, ob der Turm der Nikolaikirche, wenn er einmal einstürzt, nach links oder nach rechts fällt.“ Der Turm steht heute noch. — Wie kommt der Wirt nach heutigem Rechte zu seinem Gelde?

214. Ein Student kauft einen Füllfederhalter und bezahlt ihn sofort mit 15 RM, behält sich aber den Umtausch vor, falls ihm die Feder auf die Dauer nicht zusagen sollte. — Ist der Student schon Eigentümer des Halters oder ist ihm das Eigentum nur bedingt (aufschiebend oder auflösend) übertragen? — Darf der Student beim Umtausch einen billigeren Halter für nur 12 RM wählen und kann er dementsprechende Rückzahlung verlangen; auch einen Halter für 2,50 RM? — Liegt etwa ein Kauf auf Probe (§ 495) vor und darf der Student Rücknahme des Halters und Erstattung des Kaufpreises fordern, weil er unerwartet beim Wettrudern einen noch besseren Halter als Preis gewinnt? — Wie wenn dem Studenten der auf Umtausch entnommene Halter ohne eigenes Verschulden gestohlen oder beschädigt wird?

215. Ist eine Lebensversicherung auf den Todesfall, eine Erlebensversicherung auf das 60. Lebensjahr, eine Unfallversicherung ein bedingtes Rechtsgeschäft? — Ist es eine echte Bedingung, wenn Briefe mit Wertinhalt bei einer Transportversicherung nur dann als versichert gelten, wenn sie vor Absendung in ein vom Versicherten zu führendes Buch eingetragen sind? — Ist ein Dienstvertrag, der 1933 auf 1934 abgeschlossen wird, durch das Fortleben des Dienstverpflichteten bedingt? — Ein Heiratsversprechen dadurch, daß der Versprechende nicht anderweit verheiratet ist? — Eine Verlobung mit einer Ehefrau dadurch, daß die in Aussicht stehende Scheidung durchgeführt wird? Oder ist eine bedingte Verlobung überhaupt unmöglich, z. B. eine solche, die von dem Ausfall einer bevorstehenden ärztlichen Untersuchung abhängig gemacht wird? (RG 80, 89.) — Ist eine emptio spei, z. B. Kauf des Inhalts eines noch auszuwerfenden Fischnetzes, bedingt? Eine emptio rei speratae, z. B. Kauf eines von einer Stute noch getragenen Fohlens? — Sind Abfindungen, die ein Hofeserbe an seine jüngeren Geschwister zu leisten hat, wenn sie die Volljährigkeit erreicht haben, durch Erleben ihres 21. Lebensjahres bedingt? — Wem gehört die Wettsumme, die von den Wettenden bei dem Unparteiischen deponiert wird? Ist die Eigentumsübertragung durch das Gewinnen bedingt? — Wie steht es mit dem Eigentum an dem baren Einsatz beim Spiel? — Ist die Vertragsstrafe ein bedingtes Versprechen? — Gibt es eine bedingte Mahnung? (JW 1911, 441.) Eine Besitzübertragung durch Übergabe (§ 854 I) unter Bedingung? Eine bedingte Geschäftsführung ohne Auftrag? — Ist eine bedingte Kündigung des Mieters einer Wohnung zulässig, z. B. falls eine Reparatur nicht erfolgt, der erbetene Mietnachlaß nicht gewährt wird? Ein Examenskandidat kündigt für den Fall, daß er wider Erwarten das Examen besteht. — Kauf eines Bildes unter der Bedingung, daß es von dem angegebenen Maler herrührt, eines juristischen Lehrbuchs unter der Bedingung, daß es mit dem vom Dozenten empfohlenen identisch ist oder daß es für Examenszwecke ausreicht. — Kauf einer Hose unter der Bedingung, daß ihr Boden mindestens drei Monate hält. — Formgerechtes Schenkungsversprechen (§ 518) an einen pessimistischen Geographen zugunsten von dessen Seminar, falls ein totgeglaubter Forschungsreisender gegenwärtig nicht mehr lebt, oder falls der auf dem letzten Lager liegende Onkel des Versprechenden diesen zum Erben eingesetzt hat?

216. Der junge Dr. med. Hoogklimmer ist des Stadtlebens überdrüssig und beschließt, Landarzt zu werden. Er tritt mit einem alten Kollegen auf dem Lande in Unterhandlung wegen käuflicher Übernahme der Praxis. Bei seinen mehrfachen Besuchen auf dem Dorfe entschließt er sich, bei dem geringen örtlichen Umfange der Praxis, diese zur Erhaltung seiner Spannkraft zu Pferde zu erledigen. Der Doppelhufner Pralle hört von diesem Vorhaben und bietet ihm seinen Wallach zum Kauf an. Hoogklimmer kauft das Pferd nach eingehender Besichtigung mit der Maßgabe, daß er es nur abzunehmen braucht, wenn aus der Übernahme der Praxis etwas wird. Als H. vier Wochen später die Praxis wirklich übernimmt, hört er, daß das Pferd infolge nachlässiger Behandlung durch einen Knecht eingegangen ist. Den geforderten Schadensersatz (wie zu bemessen?) lehnt Pralle schroff ab. Der Knecht habe immer einen zuverlässigen Eindruck gemacht, das Unglück sei eingetreten, als das Pferd ihm noch gehört habe und gehe H. nichts an. — Entscheidung?

217. Der Restaurateur Schenke, der in einem gemieteten Hause die Gastwirtschaft betreibt, überläßt diese käuflich seinem Oberkellner Rasch, der sie am 1. Oktober mit dem gesamten Inventar übernimmt. Hierbei wird verabredet, daß der Kauf nur dann wirksam sein soll, wenn Rasch die von ihm schon beantragte Schankkonzession bis zum 15. Oktober erhält. Am 9. Oktober bricht in der Wirtschaft Feuer aus, wobei das gesamte unversicherte Inventar vernichtet wird. Es ist zweifelhaft, ob der Brand durch Schuld eines Gastes, eines Dienstmädchens des Rasch oder durch Rasch selbst verursacht ist. Am 10. Oktober trifft die unerwartete Nachricht ein, daß Rasch mit seinem Konzessionsgesuch abschlägig beschieden ist. — Wer trägt den Schaden?

218. Wann liegt nach folgendem gemeinrechtlichen Schema Bedingung, wann Befristung vor?

1. dies incertus an, incertus quando
2. dies incertus an, certus quando
3. dies certus an, incertus quando
4. dies certus an, certus quando

Bilde Beispiele und stelle fest, wann Bedingung oder Befristung oder beides vorliegt.

219. Zur Veranstaltung einer Abschiedsfeier für den infolge Erreichung der Altersgrenze ausscheidenden hochverdienten Oberbürgermeisters Roesebeck bildet sich aus allen Kreisen der Bevölkerung ein „Festkomitee". Der aus drei Herren bestehende Vorstand dieses Ausschusses erscheint am 30. März bei dem Wirt der Stadthalle und bestellt bei diesem ein Festessen für 500 Personen. Das Programm für die Speisenfolge und die Weine wird nach sorgfältiger Beratung und Prüfung nebst Preisen festgesetzt und die Ergebnisse in einem schriftlichen Vertrage festgelegt, dessen letzter § 30 lautet: „Der Tag des in der letzten Aprilwoche stattfindenden Festessens ist dem Wirt bis zum 15. April mitzuteilen. Für Mehrkosten, die dem Wirt durch spätere Mitteilung entstehen, sind die unterzeichneten drei Vorstandsmitglieder persönlich haftbar. — Am folgenden Morgen bringen die Zeitungen die Nachricht, daß Roesebeck am Vorabend einen Autounfall erlitt und tödlich verunglückt ist.

Ist es rechtlich von Bedeutung, ob der Tod vor oder nach Unterzeichnung des Vertrages eingetreten ist? Wie, wenn der Unfall sich am 13. April ereignete, vor Festsetzung des

Festtages oder erst am 28. April, nachdem der 30. April auserkoren war?

Wie steht es in allen diesen Fällen mit den Ansprüchen des Wirtes? Unmöglichkeit auf seiten des Wirts oder auf Seiten der Veranstalter oder auf beiden Seiten? Stillschweigende Bedingung? Fortfall der Geschäftsgrundlage? Clausula rebus sic stantibus?

Fünfter Titel.

Vertretung. Vollmacht. (§§ 164—181.)

220. Wer ist in folgenden Tatbeständen Bote und wer Stellvertreter und zwar wessen?

a) Das zum Bäcker mit 10 Pfg. geschickte Kind, das sich einen Kuchen nach eigenem Geschmack dafür kaufen soll. Der Geisteskranke im Fall 104?

b) Die vom Anwalt mit telephonischer Erkundigung bei einem Klienten nach einer für den Prozeß wichtigen Zahl beauftragte zuverlässige Stenotypistin gibt infolge Hör- oder Gedächtnisfehlers die Zahl falsch wieder. — Wie, wenn sie in Abwesenheit des Anwalts und des Bürovorstehers die Bestellung eines Klienten entgegennimmt, aus gleichem Grund aber falsch berichtet?

c) Der Zahlungen entgegennehmende Gerichtsvollzieher oder Vollziehungsbeamte der Steuerbehörde. Der Kassierer eines Vereins. Der mit Quittung (§ 370) Zahlung fordernde Geschäftsbote. Der Kassenbeamte einer Universität. Der zu politischen oder wohltätigen Zwecken mit der Büchse auf der Straße Sammelnde. Die Ehefrau des blinden Bettlers, die diesen führt und die Gaben in Empfang nimmt. Der Warenautomat.

d) Ein Kaufmann übersendet durch seinen minderjährigen Lehrling eine schriftliche Offerte und bittet, diesem die Antwort mündlich oder schriftlich mitzugeben. Findet bei unrichtiger Übermittlung hier § 120 beim Kunden Anwendung?

e) Eine Prozeßpartei zahlt dem Gegenanwalt 100 RM „zu treuen Händen", die dieser seiner Partei erst aushändigen soll, wenn diese eine an einen Dritten zu richtende Erklärung eingeschrieben abgesandt hat. Auflösend bedingte Eigentumsübertragung an den Anwalt? § 137?

221. Der Professor Klinkerfues schuldet dem Weinhändler Wassermann für im März 1925 gelieferte Weine 60 RM. Im Januar 1927 schickt Klinkerfues zur Bezahlung der Rechnung sein Dienstmädchen Minna Fromm mit einem Hundertmarkschein zu Wassermann. Der in der Weinhandlung allein anwesende Handlungsgehilfe Windig quittiert über den Betrag von 60 RM, gibt dem Mädchen aber versehentlich auf den Schein fünf Zehnmarkscheine heraus. Das Mädchen bemerkt auf dem Nachhausewege den Irrtum und kauft sich für die zuviel empfangenen 10 RM eine Handtasche. Windig, der nach dem Fortgange des Mädchens sein Versehen entdeckt, bucht, um seine Unachtsamkeit nicht merken zu lassen, nur 50 RM als von Klinkerfues gezahlt. Infolgedessen erhält dieser im Dezember 1927 eine Rechnung über den Restbetrag von 10 RM. Als er die Zahlung weigert, erzählt Windig seinem Prinzipal wahrheitsgemäß den Hergang. Klinkerfues, darüber aufgeklärt, lehnt die Zahlung der 10 RM, die er nie zu sehen bekommen habe, ab und verweist Wassermann auf die wegen anderer Unredlichkeiten inzwischen entlassene Minna Fromm. Im Januar 1928 begehrt Wassermann Rechtsrat, gegen wen er vorzugehen habe. Von der Fromm werde kaum etwas zu holen sein, und Klinkerfues werde sich auf seine Quittung, vermutlich auch auf Verjährung, berufen.

222. Ein Teppichhändler, der vergeblich versucht hat, dem Geologen Professor Wuth, einen Teppich aufzuschwatzen, bittet ihn, zum Weitertransport des unverkauften Teppichs sich telephonisch ein Auto rufen zu dürfen. Wuth will den Händler möglichst schnell los sein und ruft unter Namensnennung eine nahe, ihm bekannte Autofirma an, die er bittet, sofort einen Wagen zu schicken. Der Händler fährt mit dem Auto in eine 50 km entfernte Nachbarstadt, und als sich seine Mittellosigkeit erweist, verlangt die Autofirma Zahlung von Wuth. Mit Recht? Könnte Wuth, wenn er nach § 164 II zahlen soll, dem durch Anfechtung wegen Irrtums entgehen?

223. Der Handlungsgehilfe Sparkuhl hat seit seiner Verheiratung für seine Frau und später für seine sechs Kinder anläßlich von Geburtstagen, bei unerwarteten Gratifikationen u. dgl. Gelder zur Sparkasse gebracht und auf den Namen seiner Familienmitglieder belegt. Sparkuhl macht sich später selbständig, gerät aber in Zahlungsschwierigkeiten und fällt schließlich in Konkurs. Der Konkursverwalter findet im Geldschrank die sieben Sparkassenbücher und nimmt sie für die Konkursmasse in Anspruch. Eine ganze Reihe von Einzahlungen mindestens seien ohne Wissen der Konteninhaber gemacht, mit seinen minderjährigen Kindern habe Sparkuhl ohnehin nur mit Hilfe eines Pflegers Verträge schließen können, der nie bestellt sei. — Hat der Konkursverwalter Recht? (Vgl. RG 73, 221.)

224. Die sich stark mit Heiratsabsichten tragende Fräulein Auguste Ziermann findet in einem Schreibwarengeschäft einen „entzückenden" Verkäufer, den sie für den Inhaber hält, der nach ihren anderweiten Erkundigungen unverheiratet ist. Dem Verkäufer gelingt es sogar, sie zum Ankauf einer Schreibmaschine zu bereden, indem er ihr geräumige Abzahlungsfristen gewährt. Als Fräulein Ziermann aber von einer Freundin hört, daß der Inhaber sich kaum je im Laden zeigt, und daß der Verkäufer verlobt ist, will sie den Kauf der Schreibmaschine wegen Irrtums über die Person des Verkäufers anfechten. — Zulässig?

225. Der Direktor eines juristischen Seminars bittet den stud. jur. Leverkühn bei der bevorstehenden Versteigerung des Nachlasses eines verstorbenen alten Juristen an seiner Stelle einige bestimmte Bücher unter Beachtung gewisser Preisgrenzen für das Seminar zu ersteigern, dessen Namen er aber zu verschweigen bittet. Man werde einem armen Studenten schon eher als ihm Bücher zu niedrigen Preisen lassen. Leverkühn führt den Auftrag aus und bezahlt sie mit den ihm mitgegebenen Seminargeldern. Als er aber mit dem großen Bücherpacken nach Hause kommt, erscheint dort der Gerichtsvollzieher mit einem vollstreckbaren Schuldtitel, der aus einem von Leverkühn unbeachtet gelassenen Zahlungsbefehl (ZPO. § 688) hervorgegangen ist, und pfändet die Bücher sowie die restlichen Seminargelder, die L. noch bei sich hat. — Kann der Seminardirektor der Pfändung nach ZPO. § 771 widersprechen?

226. Der vermögenslose Bruder Otto eines bekannten Großindustriellen mit dem Vornamen Emil tritt in einem Hotel unter Emils Namen auf und mietet eine Flucht von Zimmern. Ein anderer Gast, Freund von Emil, merkt den Schwindel, telephoniert seinem Freunde und bittet um dessen Weisung, die dahin geht, einen Anwalt mit „Auslösung“ des Bruders zu beauftragen. Der Wirt verlangt zunächst Zahlung der stattlichen Rechnung, die der Anwalt in Emils Namen ablehnt, der habe ja nicht gemietet. Der Wirt könne sich auch nicht wegen der Rechnung an Otto halten, dessen Erklärung sei wegen inneren Widerspruchs nichtig, da sie als Ottos Erklärung und doch als Emils Erklärung habe gelten sollen (womit der Anwalt offenbar Enneccerus I § 170 Anm. 1 wiedergeben will, ist das geglückt?). Auch § 179 passe nicht auf diesen Fall (auch nicht analog?). Der Wirt könne höchstens nach §§ 823 II, 826 liquidieren. — Richtig?

227. Der Buchbindermeister Dohrmann betreibt auch eine Schreibwarenhandlung, deren Leitung er aber ganz seinem bei ihm angestellten fachkundigen Jugendfreunde Gerke überläßt. Als Dohrmann eines Tages nach Berlin fährt, bittet Gerke ihn, bei dem dortigen Grossisten Heise vorzusprechen und 12 Dutzend Füllfederhalter Modell A und drei Stück Modell B mitzubringen. Heise sei ihm zwar nicht persönlich, aber aus größeren Lieferungen bekannt, als er, Gerke, noch selbständig war und werde entsprechendes Entgegenkommen zeigen. Als Dohrmann zu Heise kommt, stellt er sich als Gerke vor, erzählt, daß er jetzt Angestellter bei Dohrmann sei, dessen geschäftlicher Tüchtigkeit er ein vorzügliches Zeugnis ausstellt, und kauft infolge Erinnerungsfehlers 12 Dutzend Halter Modell B und drei Stück Modell A. Er bezahlt die Halter unter Abzug eines hohen Rabatts bar und nimmt die Halter, die ihm vorgeführt werden, mit. Zu Hause ist Gerke über dies Ergebnis entsetzt. Es sei ganz ausgeschlossen, das Modell B in solcher Menge abzusetzen. Kann Dohrmann wegen Irrtums anfechten?

228. Dem Marken sammelnden Sekundaner Auhagen bietet sein 22jähriger Freund Bartling eine Serie hannoverscher Marken zum Kauf an, von denen Auhagen weiß, daß sie nur aus den Doubletten von Bartlings nie etwas verschenkendem Onkel Duensing stammen können. Auf Auhagens Bitte kauft dessen von der Herkunft der Marken nichts ahnender Vater die Serie für seinen Sohn. — Wird dieser nach § 932 Eigentümer?

229. Ein Vereinsbote unterschlägt von ihm eingezogene Mitgliedsbeiträge. Der Vorstand verlangt nochmalige Zahlung unter Berufung auf den — seit Jahrzehnten nicht beachteten — § 36 der Satzung, wonach Zahlungen nur an den Kassenwart persönlich geleistet werden dürfen. Müssen die Mitglieder noch einmal zahlen?

230. Bedarf eine Vollmacht zum Verkauf eines Grundstücks (§ 313) und dessen Auflassung (§§ 873, 925) gerichtlicher oder notarieller Beurkundung? Wie, wenn der Eigentümer sein Grundstück einer Parzellierungsbank in der Weise „an die Hand gibt", daß er auf die Möglichkeit eines Widerrufs seiner Vollmacht verzichtet? (Vgl. RG 110, 320.)

231. Der Justizrat Rechtern erteilt seinem Kollegen Linkelmann in einem selbstgeschriebenen Brief die Vollmacht, seine seit Jahren dem Juristischen Seminar als Leihgabe zur Verfügung gestellten Bücher im Falle seines Todes diesem namens der Erben zu verkaufen. — Bedenken?

232. Der Zigarrenhändler Zumpe in Kiel läßt durch seine Frau 50 000 Zigarren nach Hamburg bringen, mit dem Auftrage, sie dort versteigern zu lassen. In der Versteigerungshalle werden 6 Pfg. für das Stück geboten. Der Zuschlag wird vom Versteigerer mit dem Vorbehalt der Zustimmung des Ehemannes Zumpe erteilt. Frau Zumpe ruft bei ihrem Manne an. Dieser versteht 16 Pfg. und erklärt seine Zustimmung. Diese teilt die Frau dem Käufer mit. Zumpe erfährt nach einigen Tagen den Sachverhalt und fragt bei einem Anwalt an, ob er irgendwelche Rechte gegen den Käufer habe. — Antwort?

233. Jemand hat eine von ihm unterschriebene Generalvollmacht verloren, in der nur noch der Name des Bevollmächtigten fehlt. Welche Gefahren bestehen? Sind sie größer, wenn die Unterschrift schon notariell beglaubigt ist? — Was tun?

234. Der stud. jur. Gehrich sieht auf einer Fußwanderung durch die hessischen Berge in einem einsamen Dorf eine hessische Brauttruhe, wie sie sich sein Onkel Dr. med. Haase in Marburg schon lange wünscht. Da der vom Bauern geforderte Preis sehr mäßig (100 RM) ist, kauft er sie im Namen Haases, an dessen Genehmigung er nicht zweifelt. Er weist den Bauern an, sie baldmöglichst nach Marburg zu Haase zu bringen, der sofort mit Scheck zahlen werde. Zur Legitimation des Bauern gibt er ihm seine Karte mit entsprechendem Vermerk für den Onkel mit. Der Bauer bringt die Truhe am nächsten Tage zu Haase, der sie zwar sehr bewundert, auch den Preis sehr mäßig findet, aber den Kauf ablehnt, weil er gestern eine andere Truhe gekauft habe und unmöglich zwei Truhen stellen könne. Der enttäuschte Bauer geht sofort zum Anwalt und bittet um Rechtsrat. Die Frage des Anwalts, ob Gehrich volljährig sei, kann er nicht beantworten. Ebensowenig ob Gehrich von einer Vollmacht gesprochen hat. — Antwort des Anwalts?

235. Kann eine Auflassungsvollmacht in dem notariellen Kaufvertrage über ein Grundstück vom Verkäufer dem Käufer erteilt werden?

236. Sind folgende Handlungen eines Vormundes V. unbedenklich oder hätte ein Pfleger (§ 1909) bestellt werden müssen?

a) V. macht sich aus den für den Mündel verwahrten Geldern wegen seiner Auslagen bezahlt,

b) V. führt für die beiden Geschwister M. 1 und M. 2, die er bevormundet, getrennte Kassen. Als er merkt, daß er versehentlich Schulden des M. 1 aus der Kasse des M. 2 bezahlt hat, gleicht er das nachträglich aus.

c) V. erfährt, daß sein Mündel, das beim Studienrat Weise gegen Entgelt untergebracht ist, wegen ansteckender Krankheit, die unter Weises Kindern ausgebrochen ist, sofort ausziehen muß. V. nimmt sein Mündel bei sich auf und entnimmt als Entgelt der Mündelkasse das sonst an Weise gezahlte Geld, oder großmütig nur die Hälfte.

d) V. ist Schneidermeister und fertigt für seinen Mündel selbst einen neuen Anzug. Nur seine baren Auslagen entnimmt er der Mündelkasse.

Sechster Titel.

Einwilligung. Genehmigung. (§§ 182—185.)

237. Bei dem Rentner Wohlers ist eingebrochen und es sind aus dem Schreibtisch 50 RM bar und ein Sparkassenbuch über 500 RM gestohlen. Wohlers erstattet sofort Anzeige bei der Polizei, die zunächst das Hauspersonal verdächtigt, schließlich aber auf die richtige Spur kommt: Täter ist der 18jährige Sohn eines Jugendfreundes von Wohlers, Emil Grabscher, der eine Woche zu Besuch war und die Gelegenheit ausgenutzt hat. Als Wohlers davon erfährt, erklärt er der Polizei, dem Vater Grabscher sowie der Sparkasse, bei der der Bestand des Buches abgehoben ist, daß er die Handlungsweise von Emil in jeder Hinsicht genehmige. — Geht Emil nun straflos aus? — Wie, wenn Vater Grabscher diese Genehmigung zurückweist?

238. Der Vormund Hüter des sehr wohlhabenden, wegen Geisteskrankheit entmündigten Helletag erfährt, daß sein

Mündel, der auf den Laien einen durchaus normalen Eindruck macht, in einer Weinstube verkehrt und dort eine hohe Rechnung hat aufsummen lassen. Als der Wirt, der erst jetzt von der Entmündigung erfahren hat, dem Hüter die Rechnung vorlegt, erklärt dieser seine Genehmigung, sowie seine Zustimmung dazu, daß Helletag seine Zechen in Zukunft bis zu einer festgesetzten Grenze anschreiben läßt. Die Rechnungen sollen Hüter monatlich vorgelegt werden. — Rechtswirkung?

239. Prüfe die Anwendbarkeit des § 183 auf folgende Tatbestände:

a) Ein Rechtsanwalt läßt seine Klienten ein Formular unterzeichnen, in dem sie in die Vernichtung ihrer Akten drei Jahre nach Beendigung des Prozesses einwilligen. Widerruflichkeit dieser Einwilligung?

b) Der Geograph Prof. Dr. Wendeborn erklärt vor Antritt einer mehrjährigen Forschungsreise in einem Briefe an den Spediteur Mordhorst, der seine Möbel verwahrt, seine Zustimmung zu allen Maßnahmen, die sein Kollege Hausmann während seiner Abwesenheit für erforderlich halten wird. Als nach einem Jahre die Zeitungen den Tod Wendeborns melden, beauftragt Hausmann den Mordhorst mit dem sofortigen Verkauf der Möbel. Dieser möchte wissen, ob er erst die Weisung von Wendeborns Erben einzuholen hat.

c) Ein Vater willigt ein, daß sein Sohn — volljähriger oder minderjähriger Student der Rechte — die Universität Heidelberg bezieht, sein Studium wechselt, mit dem Examen noch ein Semester wartet, sich verlobt oder entlobt. Ist die Einwilligung des Vaters widerruflich, wenn er seinem Sohne gestattet hat, in eine Korporation mit Zwang zu dreisemestriger Aktivität einzutreten?

240. Der Professor der Geographie Meßwart in Kiel steht in so aussichtsreicher Verhandlung wegen eines Rufes an die Universität Kanton, daß er im Hinblick auf seine nahe bevorstehende Ausreise schon die nachgenannten Verträge schließt. Wie gestalten sich die Vertragsbeziehungen, wenn die Verhandlungen sich schließlich zerschlagen? Wie steht es mit den Eigentumsverhältnissen?

a) Seine Schreibmaschine verkauft Meßwart an seinen Kollegen Trull unter der Bedingung, daß der Ruf nicht scheitert und übergibt sie ihm zugleich in diesem Sinne.

b) Sein Haus verkauft er an den Arzt Schnell unter der gleichen Bedingung. Da der Grundbuchrichter die Entgegennahme einer bedingten Auflassung ablehnt (§ 925), sichert sich Meßwart nach §§ 883 f. (Wie lautet die Vormerkung?)

c) Seine Skiausrüstung verkauft und übergibt er seinem Assistenten Trip, unter Vorbehalt des Rücktritts (§§ 346 f.), falls aus der Ausreise nichts wird.

d) Das Segelboot seiner zur Zeit abwesenden Schwester, die ihm den Haushalt führt, verkauft und übergibt Meßwart dem Ingenieur Windel ohne Bedingung, aber unter dem Vorbehalt von deren Genehmigung. Als Meßwart seiner Schwester bei deren Rückkehr berichtet, daß er die Professur angenommen hat, erteilt diese ihre Genehmigung, die Meßwart sofort dem Windel telephonisch übermittelt. Die Schwester hat in begreiflicher Aufregung nicht daran gedacht, daß sie das Boot schon vor ihrer Abreise ihrem Freunde Willig unter Übergabe eines Schlüssels zum Schloß der Kette, an der das Boot an der Boje liegt, geschenkt hat. — Wie, wenn diese Schenkung nicht stattgefunden hat, der Gerichtsvollzieher aber auf Grund eines Schuldtitels gegen die Schwester während deren Abwesenheit das Boot gepfändet hat? Von dieser Pfändung erfahren die Beteiligten erst nach der Genehmigung.

Vierter Abschnitt.

Fristen. Termine. (§§ 186—193.)

241. Gelten die Auslegungsvorschriften dieses Abschnitts auch für Frist- und Terminsbestimmungen in Examensangelegenheiten?

242. V. verspricht dem M. brieflich durch Schreiben vom Freitag, den 21. April 1933 einen Maklerlohn von 2%, falls

M. ihm „in acht Tagen von heute" einen in dieser Zeit abschließenden Käufer zuführt. M. erhält den Brief am 22. und bringt den Kauf am Sonnabend, den 29. April zustande. (OLG 40, 277.) Ist der Maklerlohn verdient?

243. Ein Hauswirt überträgt dem Installateur Innig eine größere Wasserrohrreparatur auf Innigs Zusage hin, daß die Absperrung der Leitung keinesfalls länger als zwei Tage dauern soll, widrigenfalls die Rechnung um 25% gekürzt wird. Innig beginnt mit der Reparatur am Tage vor Ostern und wird am 3. Ostertage abends fertig. Während dieser vier Tage bleibt die Leitung abgestellt. Als der Hauswirt kürzen will, beruft Innig sich auf § 193. — Mit Recht?

Fünfter Abschnitt.

Verjährung. (§§ 194—225.)

244. Als der Göttinger Rechtskandidat Lange eines Abends die „Alte Fink" verlassen will, muß er das Fehlen seines Eichenstocks feststellen, an den sich frohe Wandererinnerungen knüpfen. Anstatt dessen hat ein Kommilitone einen ganz ähnlichen Stock zurückgelassen. Lange nimmt schließlich diesen Stock mit, in der Hoffnung, den Eigentümer zu ermitteln, was ihm aber trotz aller Nachfragen nicht gelingt, sodaß Lange den fremden Stock resigniert behält. — Dreißig Jahre später erhält Lange, der es inzwischen zum Landgerichtspräsidenten gebracht hat, den Besuch seines alten Kommilitonen, des nunmehrigen Finanzamtspräsidenten Kurz. Beim Austausch gemeinsamer Göttinger Erinnerungen zeigt Lange den alten Knotenstock, den Kurz als seinen eigenen erkennt.

Kann Kurz seinen Stock auch heute noch vindizieren (§ 985), oder hat Lange ihn ersessen (§ 937)? Lange will den Stock nur herausgeben (§ 273), wenn er seinen eigenen dafür zurückerhält, den Kurz nicht mehr hat. Kurz meint, die Verjährung sei so lange gehemmt gewesen, als er Langes Stock noch gehabt habe, daher heute noch nicht vollendet. — Muß der Dieb, der den von Lange besessenen Stock gestohlen hat, wenn er gefaßt wird, diesen an Lange oder an Kurz herausgeben? Kann Lange den Stock, den der Dieb dem Kurz ausgeliefert hat, von Kurz wieder herausverlangen?

245. Kann mit (§ 390) oder gegen eine verjährte Forderung aufgerechnet werden? Gegen eine Spielschuld? Mit einer solchen? Kann eine Spielschuld verjähren? Wirkung?

246. Beispiele für unverjährbare Ansprüche? In welchem Sinne sind Feststellungsklagen, Anfechtungsklagen und Gestaltungsklagen unverjährbar?

247. Beginn und Vollendung der Verjährung eines Vorkaufsrechtes (§§ 504f., 1094f.), eines zu Unrecht gelöschten Rechts an einem fremden Grundstück (§ 901), einer Grunddienstbarkeit im Falle des § 1028?

248. Eine Universitätsbuchhandlung in Marburg a. L. benutzte 1900 im geschäftlichen Verkehr mit Studenten folgendes Formular:

„Der Unterzeichnete verpflichtet sich, sein Semesterkonto bei der ..... Buchhandlung spätestens bis zum Beginn eines neuen Semesters durch Zahlung auszugleichen, oder regelmäßig monatliche Ratenzahlungen à ... M, die auch während der Ferien fällig sind, zu leisten. Er erklärt ferner, Angehöriger des Deutschen Reiches und in der Lage zu sein, obige Verpflichtungen zu erfüllen. Auf etwaige Einrede der Verjährung wird verzichtet und die Schuld als Bar-Darlehn betrachtet."

Was ist von der letzten Klausel zu halten?

249. Eine studentische Verbindung wohnt seit 1889 im eigenen Hause, das weit und breit keinen Nachbarn hat, bis 1931 der Rentner Schlau auf einem angrenzenden Grundstück ein Häuschen errichtet. Schlau verfolgt die Verbindung, die in hergebrachter Unbekümmertheit nächtlicherweile singt und an schönen Abenden auch die Kneipe im Freien abhält, mit fortwährenden Anzeigen wegen ruhestörenden Lärms und klagt schließlich auf Unterlassung jedes Kneipbetriebes im Freien. In den Konventberatungen meint der stud. jur. Schläuer, nach seinem Rechtsempfinden könne sich die Verbindung gegenüber Schlau auf die Rechtssätze berufen: „Prior tempore, potior iure", und „Wer zuerst kommt, mahlt zuerst". Die Lärmfreiheit sei von der Verbindung längst ersessen, Schlaus negatorischer Eigentumsanspruch (§ 1004) durch Verjährung oder Verzicht untergegangen, da Schlau doch in voller Kenntnis des lauten Verbindungsbetriebes gebaut habe. Schlaus Rechtsausübung sei schikanös (§ 226), denn er wolle nur die Verbindung zum Ankauf seines Häuschens zu einem exorbitanten Preise zwingen.

Was ist von diesen Ausführungen zu halten?

250. Der Gastwirt Kühl hat in seinem Lokal für die Gäste ein großes Konversationslexikon aufgestellt, damit etwaige Wetten möglichst sofort entschieden und in Alkohol umgesetzt werden können. Der Student Leicht nimmt am 27. Dezember 1932 — mit oder ohne Erlaubnis des Wirts — einen Band mit nach Hause und vergißt die Rückgabe. Wann ist der Rückgabeanspruch verjährt? Verschiedene Verjährung je nach Begründung (§§ 196 Nr. 4, 598, 985, 823, 852, 858, 864) des Anspruchs? Ist es unter Umständen bedeutsam, ob Leicht dem Kühl zugesagt hat, das Buch „in den nächsten Tagen" oder „spätestens am 3. Januar 1933" zurückzubringen?

251. Der Däne Knudsen hat in der deutschen Inflation ein Haus in Kiel sehr billig erworben, das er 1926 mit erheblichem Gewinn an den Rentner Piefke weiter veräußert. Im Jahre 1931, als die Grundstückspreise in Kiel stark gesunken sind, klagt Piefke auf Rückgängigmachung des Kaufvertrages mit der Begründung: Knudsen habe bei den Kaufverhandlungen fahrlässig eine zu hohe Friedensmiete angegeben. Dies bedeute ein Verschulden beim Vertragsschluß. Bei richtiger Angabe wäre der Kauf nie zustande gekommen. Knudsen beruft sich auf Verjährung.

Das Landgericht Kiel verurteilt Knudsen dem Klageantrage gemäß zur Rückzahlung des Kaufpreises und enthört ihn mit der Verjährungseinrede, weil mangels besonderer Bestimmungen die 30jährige Verjährung Platz greife. Knudsen will wissen, ob eine Berufung Aussicht auf Erfolg habe. (Vgl. RG 129, 282.)

252. Dem Lehrer Knoop ist 1900 seine Frau mit dem Liebhaber eines Wandertheaters durchgegangen. Knoop hört nichts mehr von ihr. Von einer Ehescheidung sieht er aus Furcht vor Klatschereien ab. Im Jahre 1931 taucht die gänzlich mittellose und kränkliche Frau Knoop wieder auf und verlangt, als Knoop sich weigert, sie wieder bei sich aufzunehmen, eine Unterhaltsrente. — Verjährung?

253. Wann beginnt die Verjährung einer Schuldverschreibung auf den Inhaber nach § 801?

254. Der Vollhufner Bangemann nimmt den geisteskranken Karl Krätz nach Abrede mit dessen Vormund unter Verpflich ung zu landwirtschaftlicher Mitarbeit gegen ein mäßiges Kostgeld bei sich auf. Bangemann ist auf diesen Vertrag erst eingegangen, nachdem sich der Bruder von Karl Krätz, der Doppelhufner Wilhelm Krätz, verpflichtet hatte, allen Schaden, den Karl etwa dem Vieh Bangmanns zufügen sollte, zu ersetzen. Wann beginnt die Verjährung dieser Ersatzpflicht?

255. Der stud. jur. Protz erhält von seinem Kommilitonen Rust am 10. Januar 1931 ein Darlehn von 50 RM, dessen Rückzahlung er verspricht:

1. „spätestens im Juli 1931“. — Verjährung?
2. „auf einmonatige Kündigung“. — Verjährung?
3. „nach bestandenem Referendarexamen“. Protz fällt am 18. Oktober 1931 zum ersten Male durch (unter Erlaß sämtlicher schriftlichen Arbeiten), glaubt jetzt seine Ungeeignetheit zum Juristen erkannt zu haben und studiert nunmehr Volkswirtschaft. Wann beginnt die Verjährung

des Darlehns? Mit bestandenem Diplomexamen oder dem Zeitpunkt, auf den die wiederholte mündliche Prüfung vermutlich gefallen wäre? Oder muß Rust jetzt auf Rückzahlung verzichten?

256. Der Studienrat Dr. Strenge findet 1900 beim Tode seines Vaters, dessen Alleinerbe er ist, in dessen Bibliothek Iherings Geist des römischen Rechts. Obwohl das Buch den fremden Eigentümernamen Findig aufweist, zweifelt Strenge nicht daran, daß dies Buch zur Erbschaft gehört, denn sein Vater hat häufig antiquarische Bücher gekauft, die fremde Namen tragen. Im Jahre 1931 meldet sich bei ihm ein Referendar Findig und fordert Herausgabe des Buches. Er habe im Nachlaß seines von ihm beerbten Onkels Findig mehrere Briefe aus dem Jahre 1910 gefunden, in denen Vater Strenge bitte, ihm dies von Onkel Findig entliehene Buch noch einige Zeit zu belassen. Strenge beruft sich auf Verjährung und Ersitzung und weigert die Herausgabe. Mit Recht?

257. Der Student der Rechte Kluge hat 1928 bei dem Buchhändler Brinkmann für 100 RM Bücher auf Kredit entnommen. Immer wieder mahnt Brinkmann den Kluge, ohne auch nur einer Antwort gewürdigt zu werden. Als Brinkmann dem Kluge Mitte Dezember 1931 mit Klage droht, antwortet Kluge mit folgenden Versen:

Ja, hundert Mark bin ich Dir schuldig,
doch nur, wer wartet hübsch geduldig,
kriegt Geld. Wer's ungestüm begehrt,
den lach ich aus: es ist verjährt!"

Den Brief liefert Kluge am Morgen des 31. Dezember 1931 zur Post. Wie ist's, wenn der Brief schon am 31. Dezember, wie, wenn er erst am 1. Januar 1932 ankommt? Ist Brinkmann zur Klage zu raten? (§§ 780, 781 BGB?)

258. Der Bibliophile Emsig verkauft 1900 eine Anzahl von Erstausgaben deutscher Klassiker an den Antiquar Buchwald, von diesem kauft noch im selben Jahre der stud.

jur. Drögekamp eine Erstausgabe des Faust II (1833). Im Jahre 1905 stellt sich heraus, daß der inzwischen verstorbene Emsig diese Sammlung von Erstausgaben durchweg aus dem literaturwissenschaftlichen Institut der Universität gestohlen hat. Das Institut klagt zunächst gegen Emsigs Erben, die Klage wird wegen Verjährung (richtig?) abgewiesen. In diesem Prozeß hat Buchwald den Verbleib der Faustausgabe bekundet und im Jahre 1911 wird Drögekamp, dessen Anschrift das Institut erst jetzt erfährt, auf Herausgabe belangt. Im Prozeß gibt Drögekamp zu, daß er seit 1905 auf Grund von Zeitungsnachrichten über Emsigs „Sammlertätigkeit" damit gerechnet habe, daß das Buch gestohlenes Gut sei. Da er aber sein gutes Geld dafür gezahlt habe, habe er sich für den Eigentümer gehalten. Jetzt könne er sich auf Ersitzung berufen. Daß er das Buch 1908 in der Eisenbahn habe liegen lassen und nichts wieder davon gehört habe, gehe die Gegenseite nichts an. — Entscheidung?

259. Der über den Umfang der langersehnten Erbschaft seines Onkels Balduin Fröhlich schwer enttäuschte Emil Sauer findet im Nachlaß eine Prozeßakte, wonach Fröhlich wegen Rückzahlung eines Darlehns über 500 RM von seinem Jugendfreunde Klages verklagt, die Klage aber wegen Verjährung abgewiesen war. Nach Rechtskraft des Urteils hat Fröhlich unbegreiflicherweise trotzdem das Darlehn zurückgezahlt. Sauer begehrt Rechtsrat, ob er diese Summe nicht von Klages nach § 813 zurückfordern kann.

Sechster Abschnitt.

Ausübung der Rechte. Selbstverteidigung. Selbsthilfe. (§§ 226—231.)

260. Geltungsbereich der §§ 157, 226, 242, 826? Gilt der römische Satz: „Nullus videtur dolo facere, qui iure suo utitur", noch nach BGB?

261. Der Professor Eberhard Schulz in Hamburg leidet schwer unter dem Lautsprecher seines Flurnachbarn, des

Ingenieurs Georg Dreist. Nach wiederholten Differenzen stellt Dreist den Lautsprecher eines Morgens früh an, ehe er zum Dienst geht, obwohl den ganzen Tag niemand in seinem Zimmer ist, nur um Schulz zu ärgern. Dies gelingt ihm so gründlich, daß Schulz die Tür des Dreist durch einen Schlosser öffnen läßt und den Apparat abstellt. Darauf zeigt Dreist den Schulz wegen Hausfriedensbruchs (StGB § 123) an. Ist Schulz strafbar? Kann Schulz Ersatz der Schlosserrechnung verlangen?

262. Der vielbeschäftigte Chirurg Professor Süßmilch findet für Prüfungskandidaten nicht selten nur so die erforderliche Zeit, daß er sie in seinem Auto auf Konsultationsfahrten mitnimmt. Es geht die Sage, er pflege Kandidaten, die seinen Anforderungen nicht entsprechen, rücksichtslos an beliebiger Stelle auszusetzen. Der cand. med. Sachte hat sich in trüber Vorahnung bei einem befreundeten Rechtskandidaten juristischen Rat geholt und weigert sich, das Auto an einsamer Stelle zu verlassen, mit der Begründung, bei der weiten Entfernung zur nächsten Bahnstation sei dies eine schikanöse Rechtsausübung. Der Schofför setzt ihn auf Weisung Süßmilchs mit Brachialgewalt hinaus. — Sind Sachte, Schofför oder Süßmilch strafbar? (StGB §§ 123, 240, 48.) Kann Sachte von Süßmilch die Kosten seiner Rückfahrt zur Universitätsstadt ersetzt verlangen? Auch seine Barschaft von 50 RM, die ihm bei seiner Rückwanderung auf einsamer Landstraße von zwei Wegelagerern abgenommen wurde?

263. Der Rechnungsrat Sorglich hat dem Assessor Ehrlich die Peinliche Gerichtsordnung Kaiser Karls V. in einer alten Reklamausgabe — noch ohne Radbruchs Vorrede — geliehen. Nach einigen Monaten verlangt Sorglich das Buch zurück. Ehrlich bittet um Frist: er habe wegen seines stets wechselnden Domizils seine Bibliothek, in 10 Kisten verpackt, bei einem auswärtigen Spediteur untergestellt und wisse nicht, in welche Kiste das unscheinbare Heft geraten sei. Sorglich verlangt nunmehr sein Buch im Wege der

Klage (§ 985) zurück und, als Ehrlich unter Berufung auf den vermeidbaren Zeit- und Kostenaufwand ein neues Exemplar — mit Radbruchs Vorrede — anbietet, besteht Sorglich auf dem Original, das für ihn durch einige Erläuterungen schwieriger Ausdrücke von seiner Hand besonders wertvoll sei. Auch mit der daraufhin angebotenen Schulausgabe für Studierende, die ein Glossar enthält, will Sorglich sich nicht begnügen. Wie ist zu entscheiden?

264. Die seit 1920 verheirateten Eheleute Böse leben seit 1922 getrennt. Nachdem der Ehemann wiederholt vergeblich versucht hat, seine Frau zur Wiederaufnahme des gemeinschaftlichen Lebens zu bewegen, klagt er gegen die Frau auf Herausgabe des ihr bis dahin belassenen gemeinsamen 8jährigen Sohnes (§ 1632). Die Beklagte weigert die Herausgabe mit der Begründung, dies Begehren sei nur ein Druckmittel, um sie zur Wiederaufnahme der ehelichen Gemeinschaft zu zwingen, die ihr wegen der sektiererischen, sich selbst und andere quälenden Wesensart des Klägers nicht zugemutet werden könne (§ 1354 II). Der Kläger repliziert, es sei höchste Zeit, mit der religiösen Erziehung des Sohnes zu beginnen. Wenn die Beklagte mit dem Sohne zusammenbleiben wolle, möge sie „willig das Joch der Ehe wieder auf sich nehmen“. Die Beklagte beantragt nunmehr, den Prozeß bis zu einer Entscheidung des Vormundschaftsgerichts (§ 1666) auszusetzen. Wie hat das Prozeßgericht zu entscheiden? Ist der von der Beklagten angebotene Beweis für ihre Behauptungen (welche?) zu erheben? (Vgl. RG JW 1907, 7.)

265. Als der Hofbesitzer Beckmann an einem Oktoberabend 1923, zur Jagd ausgerüstet, an seinem Kartoffelfelde vorbeikommt, sieht er dort mehrere Kartoffeldiebe, die bei seinem Herannahen flüchten. Den einen Dieb, der trotz wiederholten Haltrufens mit gefülltem Rucksack davonläuft, schießt Beckmann an und verwundet ihn schwer. Dieser — der Fabrikarbeiter Hupfeld — klagt demnächst gegen Beckmann auf Schadensersatz. Als Beckmann sich auf Notwehr beruft, führt der klägerische Anwalt aus,

Hupfeld habe im Augenblick des Schusses die gestohlenen Kartoffeln schon im Besitz gehabt und daher habe Beckmann nicht mehr schießen dürfen. Was ist davon zu halten? Kommt es darauf an, ob Hupfeld noch auf Beckmanns Acker oder auf der Landstraße verwundet wurde? (RG 111, 370.)

266. Ein Obstgärtner, der häufig bestohlen wird, legt Selbstschüsse. Ein Dieb wird schwer verletzt und klagt seinen Schaden ein, weil eine Warnungstafel gefehlt habe. — Der Dieb ist ein Kind, das noch nicht lesen konnte. — Der Selbstschuß verletzt einen Passanten, der vor einem bissigen Hunde in den Garten flüchtet (§ 904).

267. Ein Weinhändler, dessen Keller häufig bestohlen wird, legt eine Flasche Wein mit starkem Abführmittel auf seinen Vorrat. Der Dieb, der ein schweres Magen- und Darmleiden hat, das er mit dem guten alten Bordeaux des Händlers bekämpft (§ 904?), erkrankt tödlich. Ist der Weinhändler strafbar (StGB §§ 223 f.)? Können die Hinterbliebenen eine Rente verlangen? — Eine Hausfrau vergiftet eine Torte in gleicher Weise, um ihrer robusten Köchin endlich das Naschen abzugewöhnen. Von der Torte nascht eine nie für naschhaft gehaltene bleichsüchtige Pensionärin und erkrankt schwer. Schadensersatz?

268. A erschießt einen ihn angreifenden Hund. Der Hund wird bösartig, weil er

1. von A gereizt ist;
2. von seinem Eigentümer B oder dem Passanten C auf A gehetzt wird. B verlangt Schadensersatz. Ist die Rasse des Hundes (Dogge oder Zwergpinscher) bedeutsam? Beachte auch § 833!

269. Der Wirt und Metzger Schwenke gerät in seiner Wirtschaft mit dem Winzer Franke in einen Wortwechsel und ruft ihm einige rohe Schimpfworte zu. Franke, ein ungewöhnlich großer und kräftiger Mann, schlägt den Schwenke zu

Boden und mißhandelt ihn mit Fäusten. Andere Gäste kommen dem Wirt zu Hilfe, aber Franke entreißt sich ihnen und geht von neuem auf Schwenke los, der nun ein auf dem Schenktisch liegendes Metzgermesser ergreift und dem Franke einen tödlichen Stich in die Brust versetzt. Witwe und Kinder Franke fordern von Schwenke Schadensersatz. Schwenke beruft sich darauf, daß Franke kurz vor der ersten Tätlichkeit ein Messer aus der Hosentasche in die innere Joppentasche gesteckt habe. Die Kläger erklären das für unerheblich, weil Schwenke nichts davon gewußt habe. Außerdem hätte Schwenke hinter den Schenktisch und von da in seine Wohnung flüchten und sich einschließen können. — Entscheidung? (RG 84, 306; RG Strs. 16, 69; JW 1925, 939.)

270. Notwehrexzeß und Putativnotwehr nach StGB § 53 und nach BGB? (Vgl. RG 21, 295. ALR! bzw. 88, 118.)

271. Ein Marineobermaat, der am nächsten Sonntag Wache hat, „stiehlt“ am Sonnabend Abend einem dienstfreien Kameraden aus dessen Spind die gesamte Barschaft und legt sie Montag früh wieder ins Spind, um so den zwischen seiner Braut und dem Bestohlenen heimlich verabredeten Ausflug zu vereiteln. Der Bestohlene erstattet Anzeige wegen Diebstahls (Ergebnis?) und fordert Schadensersatz, weil er sich so den besonders vorteilhaften Ankauf eines Motorrades hat entgehen lassen müssen. Der Beklagte beruft sich auf §§ 227, 228. Mit Recht?

272. Der Dienstmann Willig transportiert eines Abends ein altes Bronzeschwert, das ein Archäologe ausgegraben hat, von dessen einsamer Wohnung ins Museum. Von einem Wegelagerer angefallen, zerschlägt er das Schwert auf dessen Kopf und rettet so eine Barschaft und Uhr im Werte von 10 RM, büßt aber die eine Hälfte des Schwertes, die der Flüchtige mitnimmt, ein. Der Archäologe will seinen Schaden von 400 RM ersetzt haben. (Beachte auch § 904.)

273. Darf ich (Landesrecht bleibt außer Betracht!) den in meinem Kohlfelde sich gütlich tuenden Hasen ohne Einwilligung des Jagdberechtigten abschießen? — Auch Katzen meines Nachbarn, die in meinem Garten Singvögeln nachstellen?

274. Ein Jäger betritt in Ausübung der Jagd eine eingehegte Weide. Ein Stier, den er mit seinem roten Taschentuch (ob absichtlich oder nicht, ist fraglich) gereizt hat, stürzt sich auf ihn. Der Jäger erschießt den Stier. Schadensersatz?

275. Ein Wahlkandidat findet in der Morgenausgabe des gegnerischen Lokalblatts sich beschuldigt, Mündelgelder unterschlagen zu haben. Er erstattet sofort Anzeige wegen verleumderischer Beleidigung, beauftragt seinen Anwalt, eine einstweilige Verfügung (ZPO §§ 935 f.) zu erwirken, die der Zeitung die weitere Verbreitung dieser Behauptung bei Strafe untersagt und schickt ferner junge Anhänger durch die Straßen, damit sie die vielerorts in Kästen aushängende Zeitung entfernen, was nicht anders als durch Zerschlagen der sie deckenden Glasscheiben möglich ist. Schadensersatz?

276. Das Schiff Fortuna war auf einer Reise nach Hamburg bei Eintritt der Dunkelheit in der Nähe des äußersten Feuerschiffs der Elbmündung vor Anker gegangen. Als die Reise am Morgen fortgesetzt werden sollte, ließ sich der Anker nur schwer aufwinden: um seinen Arm war ein Drahtseil fest verschlungen, das sich später als das Telegraphenkabel zwischen Festland und Helgoland erwies. Der Kapitän ließ schließlich, als er anders nicht loskommen konnte, das Drahtseil kappen. Er will es als zu einem Schiffswrack gehörig angesehen haben, obwohl der Lotse ihm gesagt hatte, in dieser Gegend liege das Kabel. Die Telegraphengesellschaft verlangt von dem Reeder der Fortuna (HGB §§ 485, 486) Ersatz ihres Schadens. (RG 5, 211, Gemeines Recht! Vgl. auch RG 71, 240; 88, 211; StGB §§ 317, 318.)

277. Auf der Kieler Förde kentert bei einer plötzlich einsetzenden Gewitterbö ein Segelboot mit zwei Studenten, von denen nur einer schwimmen kann. Der Nichtschwimmer umklammert in seiner Todesangst den Schwimmer.

1. Der Schwimmer macht sich frei, indem er den Kommilitonen mit einem kunstgerechten Fausthieb betäubt. Seine demnächstigen Versuche, ihn zu retten, mißlingen.

2. Beide gehen zugrunde. Der Nichtschwimmer wird von einem unerwartet hinzukommenden Dritten gerettet. Der Schwimmer ertrinkt. Ersatzansprüche der Eltern des Ertrunkenen?

278. Welche Maßnahmen darf der Wirt gegen einen Gast ergreifen, der die eben gemachte stattliche Zeche nicht bezahlt (gewaltsame Durchsuchung, Wegnahme von Wertgegenständen, Zurückbehaltung des in der Garderobe abgegebenen Pelzes trotz schneidender Kälte, Einsperren bis zum nächsten Morgen u. dgl.), in folgenden Fällen:

1. Der Gast gibt — wahrheitsgemäß oder fälschlich — an, er habe seine Brieftasche zwar bei sich, aber seine Frau müsse ihm den heute hineingesteckten 50-RM-Schein heimlich weggenommen haben. Irgendein Ausweis fehlt.

2. Der Gast legitimiert sich als der Finanzamtspräsident Treiber aus der benachbarten Großstadt.

3. Der Wirt kennt den Gast als den stud. phil. Robert Flüchtig und weiß, daß dessen Eltern sehr wohlhabend — oder sehr arm — sind.

4. Der Gast zeigt hohnlachend einen eben rechtskräftig gewordenen Gerichtsbeschluß, wonach er wegen Geisteskrankheit entmündigt ist.

5. Der unbekannte Gast wird nach dem letzten Bissen, wie ein als Gast anwesender Arzt feststellt, tödlich vom Schlage getroffen. (Durchsuchung und notfalls Zurückbehaltung der Leiche?)

Siebenter Abschnitt.

Sicherheitsleistung. (232—240.)

279. Beispiele für Pflicht zur Sicherheitsleistung nach BGB? Kraft Vertrages? Im Beamtenrecht? Kraft richterlicher Anordnung? (gl. ZPO §§ 108—11, 255, 324, 921 f.,

945, 710, 713 u. sonst.) — Kann der Käufer, der den Kaufpreis gezahlt hat, ohne die Ware zu erhalten, auf Sicherheitsleistung klagen? (Vgl. BGB § 321.) — Verhältnis der §§ 232 bis 240 zu §§ 372—386?

280. Kann man mit einem Sparkassenbuch oder mit englischen Pfundnoten Sicherheit leisten? In welcher Höhe? Voller Kurswert (§ 232) oder nur $^3/_4$ (§ 234)?

281. Geht nach dem Rechte des Landes, dem der Leser angehört, das Eigentum an Geld und Wertpapieren nach EG z. BGB Art. 145 an den Fiskus über? (Preußen: Hinterlegungsordnung v. 21. 4. 1913 § 6.)

282. Ein Bankhaus leistet Sicherheit mit Wertpapieren, die Kunden gehören, ohne deren Vorwissen. Erwirbt der Gläubiger, zu dessen Gunsten hinterlegt wird, trotzdem ein Pfandrecht? Nach § 233 oder erst kraft guten Glaubens nach § 1207? Kommt es auf den guten Glauben des Gläubigers oder den des Hinterlegenden an?